新媒体运营与新媒体传播策略研究

苏浩军 著

·北京·

图书在版编目（CIP）数据

新媒体运营与新媒体传播策略研究 / 苏浩军著. -- 北京：群言出版社，2025. 4. -- ISBN 978-7-5193-1078-3

Ⅰ. G206.2

中国国家版本馆 CIP 数据核字第 2025QK8462 号

责任编辑：宋盈锡
封面设计：守正文化

出版发行：群言出版社
地　　址：北京市东城区东厂胡同北巷1号（100006）
网　　址：www.qypublish.com（官网书城）
电子信箱：qunyancbs@126.com
联系电话：010-65267783　65263836
法律顾问：北京法政安邦律师事务所
经　　销：全国新华书店

印　　刷：三河市南阳印刷有限公司
版　　次：2025年4月第1版
印　　次：2025年4月第1次印刷
开　　本：710mm×1000mm　1/16
印　　张：11.75
字　　数：235千字
书　　号：ISBN 978-7-5193-1078-3
定　　价：84.00元

【版权所有，侵权必究】

如有印装质量问题，请与本社发行部联系调换，电话：010-65263836

作者简介

苏浩军,男,中共党员,毕业于河北大学新闻传播学院,大学本科学历。目前任职于长城新媒体集团河北经济日报社,担任融媒体编辑部主任。长期从事新闻采编及新媒体运维工作。多次获中国新闻奖、河北新闻奖等奖项。在《新闻战线》《中国记者》《中国报业》等刊物发表多篇论文。

前　言

在互联网技术日新月异的时代背景下，新媒体以其独特的魅力和强大的功能，正深刻改变着人类社会的信息传播格局。传统媒体模式逐渐式微，新媒体以其及时性、丰富性、交互性和人性化等优势，迅速成为信息传播的主力军。随着这一趋势的不断发展，新媒体不仅成为社会信息流通的重要渠道，而且也推动了文化、娱乐、商业等多个领域的深刻变革。鉴于此，对新媒体运营与新媒体传播策略的深入研究，不仅具有理论价值，更富有实践意义。

本书全面、系统地探讨了新媒体运营与传播的各个方面。从新媒体的基本知识出发，阐述其核心理念及其带来的社会变革与发展趋势，为读者构建坚实的知识基础。随后，本书详细剖析了新媒体运营的基本概念、常用思维、素质要求及发展趋势，帮助读者把握新媒体运营的内在逻辑与未来走向。在新媒体运营平台方面，本书详细介绍了一些主流新媒体平台，如微博、微信、抖音、小红书等，分析其特点、优势及运营策略。接着，从战略、市场、内容、用户、社群和活动等多个维度，深入探讨了新媒体运营的各大模块，为读者提供了全面的运营框架和实操指南。新媒体运营技巧是本书的重要组成部分，从吸引注意力到内容雕琢，从图片编辑到图文排版，再到视频剪辑，本书详尽地介绍了提升新媒体运营效果的关键技巧。同时，本书也深入研究了新媒体传播受众的行为特征、心理、需求及双向管理策略，为精准传播和有效互动提供了理论支撑。最后，在新媒体传播策略部分，本书重点分析了新媒体的传播模式、新媒体传播的渠道与过程，探讨了新媒体传播的重构与整合，并特别关注了大数据、AI技术等前沿科技在新媒体传播策略中的应用，为读者提供了前瞻性的策略思考和实践指导。

在撰写本书的过程中，笔者借鉴了许多前人的研究成果，在此表示衷心的感谢。笔者衷心期待本书能帮助读者在其学习生活以及工作实践中结出丰硕的果实。

探索知识的道路是永无止境的，本书还存在一些不足之处，恳请同行以及广大读者进行斧正，以便改进和提高。

苏浩军

2025年1月

目　录

第一章　新媒体概述 ······················· 1
- 第一节　新媒体的基本知识 ··················· 1
- 第二节　新媒体的核心理念 ··················· 6
- 第三节　新媒体带来的社会变革 ················· 9
- 第四节　新媒体的发展趋势 ··················· 12

第二章　新媒体运营概述 ···················· 24
- 第一节　新媒体运营的基本概念 ················· 24
- 第二节　新媒体运营的常用思维 ················· 33
- 第三节　新媒体运营的素质要求 ················· 40
- 第四节　新媒体运营的发展趋势 ················· 50

第三章　新媒体运营平台 ···················· 52
- 第一节　网络传媒类新媒体平台——以微博为例 ········· 52
- 第二节　社交类新媒体平台——以微信为例 ··········· 63
- 第三节　短视频类新媒体平台——以抖音为例 ·········· 72
- 第四节　综合性新媒体平台——以小红书为例 ·········· 81
- 第五节　网络直播平台 ····················· 89

第四章　新媒体运营模块 ···················· 95
- 第一节　战略运营 ······················· 95
- 第二节　市场运营 ······················· 99
- 第三节　内容运营 ······················· 103

第四节　用户运营……………………………………………107
　　第五节　社群运营……………………………………………112
　　第六节　活动运营……………………………………………117

第五章　新媒体运营技巧………………………………………121
　　第一节　吸引注意力…………………………………………121
　　第二节　内容雕琢……………………………………………124
　　第三节　图片编辑……………………………………………126
　　第四节　图文排版……………………………………………130
　　第五节　视频剪辑……………………………………………131

第六章　新媒体传播受众………………………………………132
　　第一节　受众分析：定义、分类与行为特征………………132
　　第二节　新媒体环境下受众的心理…………………………139
　　第三节　新媒体环境下受众的需求…………………………146
　　第四节　新媒体环境下受众的双向管理……………………148

第七章　新媒体传播策略………………………………………153
　　第一节　新媒体的传播模式…………………………………153
　　第二节　新媒体传播的渠道与过程…………………………164
　　第三节　新媒体传播的重构与整合…………………………172
　　第四节　大数据、AI技术与新媒体传播策略………………175

参考文献…………………………………………………………179

第一章 新媒体概述

本章主要围绕新媒体的基本知识、核心理念、带来的社会变革及发展趋势等方面展开。首先阐述了新媒体的定义与主要特征、与传统媒体的区别以及新媒体的技术基础。其次深入探讨了新媒体的核心理念,包括符号理念、眼球理念、图像理念、原创理念、网络语言理念等。再次分析了新媒体在信息传播方式、社会结构、商业模式及人们日常生活等方面带来的深刻变革。最后展望了新媒体的发展趋势,包括技术创新对新媒体发展的推动趋势、用户行为变化与新媒体的发展趋势、新媒体平台的多元化发展趋势、新媒体与传统媒体融合发展的趋势等,表明了新媒体将持续推动社会的进步与发展。

第一节 新媒体的基本知识

一、新媒体的定义与主要特征

(一)新媒体的定义

当今社会,新媒体已经成为一个无处不在的概念。它既是一种全新的传播方式,也是一种不断演进的社会现象。一般认为,新媒体(New Media)这一概念最早是由美国哥伦比亚广播电视网(CBS)技术研究所所长戈德马克(Goldmark)于1967年率先提出的。在我国,新媒体这一术语最早出现在20世纪90年代末的一篇译文中。新媒体是相对于报纸、广播、电视等传统媒体而言的。随着数字技术的飞速发展和互联网的日益普及,新媒体得到了前所未有的发展。

从本质上讲,新媒体是一个开放的、互动的、多元化的信息传播平台。它打破了传统媒体"一对多"的传播模式,实现了"多对多"的互动交流。新媒体时代,每个人都可以成为信息的制造者、传播者和接收者。这种去中心化的传播方式极大地提升了公众的参与度。

新媒体涵盖的范畴非常广泛，包括数字电视、网络媒体、移动媒体、数字出版等多个领域。其中，以互联网为基础的网络媒体是新媒体的核心组成部分。门户网站、搜索引擎、视频网站、微信、微博等都属于网络媒体的范畴。这些平台利用数字技术，集成了文字、图片、音频、视频等多种表现形式，为用户提供了丰富多彩的信息服务。

除了网络媒体，移动媒体也是新媒体的重要组成部分。随着智能手机和平板电脑的普及，移动互联网得到了飞速发展，人们可以随时随地通过移动设备获取信息、分享内容、互动交流。移动新闻客户端、移动社交软件、移动视频平台等应运而生，极大地改变了人们的媒体使用习惯。

（二）新媒体的主要特征

新媒体具有四个显著特征：交互性、即时性、海量性和多媒体性。这些特征深刻改变了信息传播的方式和人们的生活方式，为人类社会发展注入了新的活力。

交互性是新媒体区别于传统媒体的最本质特征。新媒体时代，信息传播从"点对面"转向"点对点"，受众不再是被动接收信息，而是主动参与信息生产和传播的过程。通过评论、转发、点赞等方式，受众可以与信息提供者直接互动，表达自己的观点和情感。这种交互不仅提高了信息传播的效率，更激发了社会各界参与讨论和决策的热情。新媒体平台已成为公众表达诉求、凝聚共识的重要渠道。

即时性是新媒体信息传播的显著优势。借助互联网技术，新媒体能够实现信息的实时采集、处理和发布，大大缩短了信息从产生到传播的时间，使受众能够第一时间了解事件的进展。这种"零时差"的信息传播模式极大地提高了社会运行的效率。在突发事件和灾害面前，新媒体的即时性优势越发突出。通过手机、平板电脑等移动终端，人们可以随时随地获取权威信息，了解灾情动态，第一时间开展自救和援助，最大限度地减少损失。

海量性是新媒体信息存储和传播的重要特点。以数字化形式存在的新媒体信息可以被无限次复制、传播，突破了时间和空间的限制。在新媒体时代，信息的生产和分享不再是少数机构和个人的特权，每个人都可以利用便捷的数字工具参与内容创作。在用户生成内容（UGC）模式下，海量的信息资源被不断积累和更新，形成了规模空前的知识宝库。搜索引擎、云存储、大数据等技术的应用，又使得海量信息能够被快速检索、共享和利用，极大地拓展了人类认识世界、改造世界的能力。

多媒体性是新媒体的重要特征。与传统媒体相比，新媒体能够将文字、图像、音频、视频等不同形态的信息有机结合，全方位、多角度地呈现事物本质，为受众带来身临其境的体验。多媒体信息更加直观生动，易于理解和记忆，能够满足受众多样化的信息需求。借助虚拟现实（VR）、增强现实（AR）等技术，新媒体还能够打破现实和虚拟的边界，构建沉浸式的交互空间，为教育培训、文化传播、休闲娱乐等领域提供无限可能。

深入理解新媒体的特征，是准确把握新媒体发展趋势、推动新媒体健康发展的前提。交互性、即时性、海量性和多媒体性赋予了新媒体强大的生命力和影响力，使其成为时代发展的重要推动力量。

二、新媒体与传统媒体的区别

（一）信息传播速度

在新媒体环境下，信息传播速度较传统媒体时代有了质的飞跃。数字化技术的广泛应用，使得信息的生产、发布和传播过程大大简化，信息传播的时间成本显著降低。过去，一条新闻从发生到见诸报端往往需要几个小时甚至几天的时间，而在新媒体时代，这一过程可以在几分钟内完成。

网络技术的发展，尤其是移动互联网的普及，极大拓展了信息传播的渠道。人们可以随时随地通过手机、平板电脑等移动终端获取和分享信息，传统媒体因受时空限制而难以触及的海量受众，如今都成为新媒体触手可及的对象。信息传播突破了地理和时间的限制，呈现出全方位、全天候的特点。

新媒体还催生了许多新的传播方式，如微博、微信等社交媒体，使得信息的传播速度大大加快。在这些平台上，一条信息可以通过用户的转发、评论、点赞等互动行为迅速传播开来，形成裂变式的扩散。一些重大新闻事件往往能在极短的时间内引起广泛关注和讨论，产生巨大的社会影响力。

（二）受众互动性

新媒体的受众互动性是新媒体区别于传统媒体的显著优势。传统媒体时代，受众往往处于被动接收信息的地位，很难与媒体组织进行有效互动。而新媒体平台打破了传统的"一对多"传播模式，实现了"多对多"的互动传播。

首先，新媒体平台为受众参与内容生产提供了便利的条件。在新媒体环境下，人人都可以通过微博、微信等渠道发布信息、表达观点、分享经验。受众不再是单纯的信息接收者，而是积极的内容创造者和传播者。这种角色转变促进了信息的多元化和丰富性，也让媒体与受众之间的边界日渐模糊。

其次，新媒体为受众与媒体、受众与受众之间的互动搭建了桥梁。在社交媒体、网络直播、网络社区等平台上，受众可以实时评论、点赞、转发信息，与媒体组织或其他受众展开对话和讨论。这种便捷的互动方式增强了信息传播的针对性和有效性，同时也满足了受众表达自我、寻求认同的心理需求。

最后，新媒体受众互动的方式呈现出多样化特点。除了文字评论，受众还可以通过图片、音频、视频等多媒体形式参与互动。移动互联网的普及更让互动变得随时随地，大大拓展了互动的时空边界。互动形式的多元化不仅提升了受众的参与感和沉浸感，也为媒体组织提供了更多服务受众、了解受众的渠道。

新媒体受众互动性的提升不仅改变了信息传播的方式，更深刻影响了个体的心理和社会关系。在参与互动的过程中，受众获得了表达自我的渠道，满足了情感宣泄的需求，也在与他人的交流碰撞中实现了自我认识和价值观的调适。受众互动性的强化还拓展了个人的社交网络，促进了社群的形成和连接。从社会层面来看，频繁、充分的受众互动有利于推动公共议题的讨论，促进理性对话和共识达成，为公众舆论的形成奠定了基础。

（三）内容生产方式

在新媒体环境下，内容生产方式发生了深刻变革，呈现出互动性、社会化、多样化的特点。传统媒体时代，内容生产主要由专业的新闻工作者和机构把控，受众处于被动接收的地位。而在新媒体时代，人人都可以成为内容的生产者和传播者，UGC模式蓬勃发展。普通民众利用社交网站、视频网站等平台，生产和分享自己感兴趣的内容，极大地丰富了网络信息资源。

新媒体内容生产的互动性体现在生产者与受众之间、生产者之间、内容形态之间的交互影响。Web3.0技术的发展为用户互动、协作提供了便利条件。生产者可以随时了解受众的反馈意见，及时调整内容策略；不同身份的生产者之间也可以就共同话题展开讨论和协作，不断完善内容；同一内容还可以在不同媒介形态间实现无缝切换和互补。这种立体化的互动极大地提高了内容生产的效率和质量。

新媒体催生了内容生产的社会化趋势。在社交媒体上，个体通过分享、转发、评论、点赞等方式参与内容的二次生产和传播，社交关系网络成为内容传播的重要渠道。这不仅为优质内容的产生提供了土壤，也加速了信息在不同群体间的交流与融合。内容生产从封闭走向开放，从单向走向多向，社会各界的声音得以汇集，形成更加多元、立体的信息图景。

新媒体时代的内容生产呈现出多样化特点，集文字、图片、音频、视频、动画等表现形式于一体，跨越了不同感官和符号系统的界限。移动互联网的普及和智能终端的发展，进一步拓宽了内容生产的渠道和场景，碎片化、社交化、情境化的内容蔚然成风。算法推荐、个性化定制等技术的应用，也让内容生产更加精准、高效。内容生产从"千人一面"走向"千人千面"，从"大众化"走向"个性化"，极大满足了用户多元化、个性化的需求。

三、新媒体的技术基础

（一）数字化技术

数字化技术的迅猛发展正在深刻改变着社会的方方面面，新媒体的兴起就是这一趋势的重要体现。数字化技术为新媒体的产生和发展提供了坚实的技术基础，使得信息的生产、传播和接收方式发生了革命性的变化。

数字化技术的核心是将各种信息转化为由 0 和 1 组成的二进制数字信号，实现了文字、图像、音频、视频等不同形态信息的统一编码。这种数字化的信息具有易于存储、传输、处理和再加工的特点，为新媒体的海量信息处理和多样化呈现奠定了基础。数字压缩技术的应用，使得高质量的音视频信息能够以更小的数据量传输，极大地提高了信息传播的效率。

数字化技术还促进了不同媒体形式的融合，催生了融媒体时代的到来。在传统媒体时代，报纸、广播、电视等不同媒介相对独立，较难实现信息的交叉利用。而数字化技术打破了这些壁垒，使得不同媒介形态的信息能够方便地在同一平台上整合、呈现。互联网、移动通信网络等数字化网络平台的建立，为媒体融合提供了广阔的空间。

数字化技术的交互性特征，改变了传统的"点对面"传播模式，实现了"点对点""多对多"的网状传播。在新媒体时代，受众不再是被动的信息接收者，而是能够利用数字化技术参与信息生产、传播和反馈的用户。这种互动化传播增强了信息交流的及时性和有效性，提升了受众的参与感和满足感。

数字化技术的普及，加速了信息全球化的进程。卫星通信、光纤通信等数字化传输技术的运用，打破了时空阻隔，让信息能够快速传播到世界各地。译码技术的进步，使得跨语言的信息交流更加便捷。文化交流的数字化，既推动了多元文化的交融，又凸显了不同文明的独特魅力。

（二）网络技术

网络技术是新媒体得以实现其独特传播模式的重要基础。互联网的出现和发展，深刻改变了信息传播的方式，催生了以数字化、交互性、即时性为特征的新媒体形态。作为新媒体的技术支撑，网络技术的进步直接影响着新媒体的发展轨迹和应用场景。

从 Web1.0 到 Web2.0 再到 Web3.0，网络技术经历了从单向传播到交互传播再到智能化、个性化传播的演进过程。在 Web1.0 时代，网络主要承载的是文字、图片等静态信息，用户只能被动地浏览和接收。而 Web2.0 的出现则让用户成为信息生产和传播的主体，UGC 模式大量涌现，社交网络等互动型新媒体应运而生。Web3.0 进一步强调以用户为中心，利用人工智能、大数据等技术，为用户提供更加精准、个性化的信息服务。可以说，网络技术的不断进步，为新媒体不断创新、发展提供了肥沃的土壤。

宽带网络的普及和移动通信技术的发展，极大地提升了信息传输的速度和质量，为视频直播、在线教育等新媒体应用创造了条件。而云计算、边缘计算等技术的应用，则让海量信息的存储、处理和分发变得更加高效、经济，进一步拓展了新媒体的应用空间。此外，物联网、区块链等新兴技术与新媒体的结合，也正在开辟出全新的传播场景和商业模式，如沉浸式体验、数字藏品等。

（三）移动技术

移动技术作为新媒体技术的重要部分，具有即时性、交互性、个性化等特点。在教育领域，它为教与学提供了新的可能，打破了时空限制，学生可以按需学习，教师能创新教学模式，如开展翻转课堂等，也可以通过大数据分析学情，为学生提供个性化指导，还能促进教师专业发展共同体的构建。同时，移动技术也能助力学校管理服务信息化和智能化，方便家校互动。

第二节 新媒体的核心理念

随着数字技术和网络技术的飞速发展，新媒体已成为信息传播和社会互动的重要平台。新媒体不仅改变了传统媒体的传播模式，更在核心理念上实现了深刻的变革。在探讨新媒体的核心理念之前，我们需要明确"理念"这一概念。理念，简而言之，是指导行为、决策和创新的根本信仰或价值观。对于新媒体而言，其核心理念——符号理念、眼球理念、图像理念、原创理念与网络语言理念，共同构成了新媒体的独特魅力与影响力，推动着新媒体不断向前发展与创新。

一、符号理念

符号，作为意义的载体与精神的外化，以其独特的代表性在新媒体中熠熠生辉。新媒体巧妙地运用视觉符号，如图像、视频、动画，让信息传播变得生动有趣，受众的感知与理解得以深化。例如，星巴克的美人鱼标志，在其官方微博、微信公众号等新媒体平台上广泛展示，成为品牌极具辨识度的符号，让消费者一眼便能识别并记住该品牌，有力地提升了品牌知名度与美誉度。企业的标志、产品设计等，则化作品牌符号，深深烙印在受众心中，助力品牌快速识别与记忆。同时，新媒体还积极传播文化符号，如在端午节期间，各大新媒体平台推出有关端午节的起源、习俗（如赛龙舟、包粽子）等内容，以及相关历史故事（如屈原投江）等，通过图文、视频等多种形式呈现，促进文化的薪火相传与广泛交流。符号理念深植于新媒体，成为其构建独特传播语境与文化内涵的重要基石。

二、眼球理念

在新媒体时代，"眼球经济"愈发凸显其重要性。新媒体通过提供引人入胜、价值满满的内容，牢牢吸引受众的注意力，进而实现流量的变现与广告的精准投放。为了提升用户体验，新媒体不断优化界面设计，提供个性化推荐，让受众流连忘返，用户黏性大增。例如，抖音平台根据用户的浏览历史、点赞、评论等行为数据，精准分析用户的兴趣偏好，为用户推荐符合其喜好的短视频内容，使得用户沉浸其中，平均使用时长不断增加。此外，新媒体还不断创新内容形式，如短视频、直播等，以满足受众日益多元化的需求，持续吸引受众的眼球。针对年轻群体追求潮流、喜爱新奇事物的特点，小红书推出各种潮流穿搭、美妆教程的短视频和直播，吸引大量年轻用户关注；而对于中老年群体关注的养生、时政新闻等内容，一些新媒体平台则通过专题报道、专家解读等形式进行推送。可以说，眼球理念引领了新媒体经济，促使新媒体运营者不断探索与创新，以在激烈的市场竞争中脱颖而出。

三、图像理念

图像在新媒体中处于举足轻重的地位。新媒体通过图像传播信息，其直观、简洁、易懂的特点让信息跨越语言与文化的界限，实现全球范围内的广泛传播。高清图片、动态视频等图像元素，为受众打造出沉浸式的视觉体验，让受众如身临其境，参与感与代入感倍增。例如，在旅游宣传中，许多旅游网站和社交媒体账号通过精美的风景图片、生动的旅游视频，让游客仿佛提前置身于旅游目的地，感受当地的风土人情，从而吸引游客前往。同时，新媒体中的图像并非孤立存在的，而是与文字相互配合、相得益彰。在一篇美食推荐类新媒体文章中，精美的菜品图片搭配详细的文字介绍，如菜品的口味、食材、制作工艺等，能让读者更全面地了解美食信息，激发读者的兴趣与食欲。新媒体还通过图像的传播，塑造并影响着当代的视觉文化，推动视觉艺术的不断创新与发展。总之，图像理念塑造了新媒体的视觉盛宴，成为新媒体吸引受众、传递信息的重要力量。

四、原创理念

原创理念是新媒体蓬勃发展的核心驱动力。新媒体鼓励原创内容的创作，以独特的视角、深刻的见解和新颖的表达方式，赢得受众的青睐与关注。例如，一些知名的自媒体博主，如"硬核的半佛仙人"，凭借对财经、商业等领域深入透彻且幽默风趣的原创分析，在各大新媒体平台收获大量粉丝。同时，新媒体还不断探索新的内容呈现形式，如 H5 页面、小程序、互动游戏等，为受众带来更加丰富多样的体验。例如，腾讯新闻在重大事件报道中推出互动式 H5 页面，让读者可以通过点击、滑动等操作深入了解事件的各个方面，增强了读者的参与感。此外，新媒体还充分利用人工智能、大数据等新技术，实现内容的智能化推荐与个性化定制，让用户的体验感与满意度得到全面提升。然而，新媒体在倡导原创的过程中，也注重对原创内容的保护。各大新媒体平台纷纷建立完善的版权保护机制，如内容原创标识、侵权投诉处理流程等，严厉打击抄袭侵权行为，为原创作者提供良好的创作环境。可以说原创理念激发了新媒体的创新活力，保障了新媒体内容生态的健康可持续发展。

五、网络语言理念

在新媒体环境下，网络语言作为一种独特的交际方式，对信息传播与人际交流产生了深远影响。网络语言的创新性，如"梗"、表情包、网络流行语等，丰富了人们的表达方式，让语言更加生动有趣。例如，"永远的神（yyds）"这一网络流行语在各大体育赛事报道、明星动态分享等新媒体内容中广泛应用，并迅速传播开来，成为人们表达赞赏之情的热门流行语。同时，网络语言也需遵循一定的规范，避免过度娱乐化与低俗化，保持语言的健康、文明与积极。一些网络平台会对用户发布的内容进行审核，过滤掉含有低俗、暴力等不良网络语言的信息。

网络语言的强大传播力，使其在社交媒体上迅速扩散，形成网络热点与话题，对社会舆论产生深远影响。可以说，网络语言理念彰显新媒体的交际魅力，同时也反映出新媒体时代社会文化与大众心理的多元性与复杂性。

第三节　新媒体带来的社会变革

一、信息传播方式的变革

（一）传播效率的提升与传播范围的扩大

新媒体利用数字技术和网络技术，实现了信息的即时传播和更新。相比传统媒体，新媒体能够更迅速地响应社会热点和突发事件，满足受众的即时需求，展现了新媒体的即时性与高效性。这种即时性和高效性极大地提高了信息传播的效率，扩大了信息传播的范围。

（二）传播方式的多样化与互动性

新媒体平台，尤其是社交媒体，凭借评论、点赞、分享等一系列互动功能，不仅丰富了信息的传播方式，还促进了受众之间的双向交流和深度参与感。这种多样化的传播手段在有效提高信息传播效率的同时，也极大地增强了受众对信息的认知与理解，充分展现了新媒体在促进受众互动与参与方面的独特优势。

（三）内容形式的多样化与个性化

新媒体充分利用数字技术和网络技术的优势，实现了内容形式的多样化和个性化。文字、图片、音视频等多种信息元素被有机融合，创造出更加丰富和生动的信息呈现方式。同时，新媒体平台利用先进的算法推荐技术，根据用户的兴趣和行为习惯，提供高度个性化的信息内容，极大地提升了用户体验。

二、社会结构的变革

（一）去中心化与开放性

新媒体的普及打破了传统媒体对信息传播的控制权，使得每个人都有可能成为信息的发布者和传播者。这种去中心化的特点促进了信息的自由流动和多元观点的表达，增强了社会的开放性和包容性。

（二）社交方式的变革

新媒体为人们提供了更加便捷和多样的社交方式。社交媒体平台如微信、微博等已经成为人们日常生活中不可或缺的一部分。新媒体不仅提供了便捷的社交方式，还改变了人们的社交习惯，使得线上社交成为日常生活的重要组成部分，影响着人际关系的建立和维护。

（三）文化的多样化和国际化

新媒体促进了文化的多样化和国际化。借助新媒体，世界各地的文化内容可以迅速地传播与融合，推动了文化认同和冲突的交汇。同时，新媒体也为传统文化的传承与保护提供了新的途径，让古老的文化遗产能够以数字化的形式得以保存和传承。

三、商业模式的变革

（一）精准营销与个性化服务

新媒体具有广泛的覆盖面和强大的数据分析能力，能够为企业提供精准营销和个性化服务的机会。企业可以通过新媒体平台收集用户数据，使用大数据技术分析用户的行为和需求，从而制订更加精准的营销策略和服务方案。

（二）电子商务与社交电商兴起

新媒体的发展推动了电子商务和社交电商的兴起。在社交媒体平台上，用户不仅可以交流思想、分享生活点滴，还可以进行购物等活动。这种将社交与电商相结合的方式为用户提供了更加便捷和丰富的购物体验。

（三）直播经济与内容付费崛起

新媒体平台催生了一批网红，他们通过创作优质内容吸引了大量粉丝，并通过广告、代言、直播带货等方式实现了商业价值。同时，内容付费也成了一种新的商业模式，用户愿意为高质量的内容付费，推动了知识付费市场的繁荣。

四、人们日常生活的变革

随着科技的飞速发展，新媒体已悄然渗透到社会生活的方方面面，成为推动社会进步和文明演变的重要驱动力。在这一时代背景下，人们的日常生活产生了前所未有的变革，不仅体现在信息获取方式的革新上，更深刻地影响了人们的生活方式、消费习惯以及工作模式。下面将详细探讨新媒体时代如何重塑人们的日常生活。

（一）信息获取方式：从被动接收到主动选择

新媒体时代，信息获取的方式发生了根本性的变化。曾经，人们主要依赖报纸、电视等传统媒介来获取新闻和资讯，这些媒介的信息更新速度相对较慢，且内容选择有限。然而，新媒体的崛起彻底改变了这一格局。手机、电脑等智能设备成为人们获取信息的新工具，它们不仅便于携带，而且能够实时连接互联网，使人们能够随时随地浏览新闻、观看视频、了解时事动态。

新媒体的便捷性不仅体现在信息的即时获取上，更在于其丰富的信息来源和多样化的呈现形式。通过搜索引擎、社交媒体、新闻聚合应用等渠道，人们可以轻松获取来自全球各地的信息，无论是政治、经济、文化还是科技领域，都能找到感兴趣的内容。同时，新媒体赋予了人们更多的选择权，可以根据自身兴趣和需求，主动筛选和定制信息，实现个性化阅读。

这种信息获取方式的变革，极大地提高了人们获取信息的效率和便捷性，同时也丰富了信息的多样性和深度。人们不再满足于简单的新闻报道，而是渴望获取更多元、更深入的信息内容。新媒体的兴起正好满足了这一需求，让人们能够更全面地了解世界，更深入地思考问题，从而促进了社会整体认知水平的提升。

（二）生活方式与消费习惯：新媒体引领的潮流变革

新媒体的发展不仅改变了人们获取信息的方式，更深刻地影响了人们的生活方式和消费习惯。在新媒体时代，人们的生活变得更加便捷和丰富，许多传统的生活方式都被颠覆和重塑。

在线购物是新媒体时代最为显著的生活方式变革之一。通过电商平台、社交媒体等渠道，人们可以轻松浏览和购买各种商品，无须走出家门就能享受购物的乐趣。这种购物方式不仅节省了时间和精力，还让人们能够更轻松地比较不同商品的价格和质量，从而做出更明智的购买决策。同时，新媒体推动了消费模式的创新，如直播带货、社交电商等新型消费方式逐渐兴起，为消费者带来了更多元、更有趣的购物体验。

除了购物，新媒体还深刻影响了人们的休闲方式和娱乐生活。在线教育、网络游戏、视频直播等新媒体应用让人们能够在闲暇时间享受更加丰富多彩的活动。通过在线教育平台，人们可以随时随地学习新知识、提升自我；通过网络游戏和视频直播，人们可以与朋友互动、分享快乐，从而增进彼此之间的情感联系。

（三）工作模式：新媒体时代的灵活与高效

新媒体技术的发展对人类群体的工作模式产生了深远影响。在新媒体时代，人们通过新媒体平台进行工作和学习，不再受地理位置的限制，实现了工作模式的灵活性和高效性。

新媒体时代工作模式的变革体现在远程办公的兴起上。通过视频会议、在线协作等工具，人们可以在家中或其他除工作场所之外的地方进行工作，从而节省了通勤时间和精力，提高了工作效率。这种工作模式不仅适用于企业员工，也适用于自由职业者、创业者等群体，为他们提供了更加灵活和便捷的工作环境。

新媒体时代工作模式的变革还体现在对团队协作方式的改变上。通过新媒体平台，团队成员可以实时共享信息、讨论问题、协作完成任务，从而提高团队协作的效率和质量。这种团队协作方式的变革不仅适用于企业内部团队，也适用于跨地域、跨行业的合作团队，为他们提供了更加便捷和高效的协作方式。

新媒体时代，人们日常生活的变革是全方位、深层次的。它不仅改变了人们获取信息的方式，使人们能够更便捷、更高效地获取多样化信息；还深刻影响了人们的生活方式和消费习惯，让人们能够享受更加便捷、更加丰富的生活体验；更对人类群体的工作模式产生了深远影响，推动了工作模式的灵活性和高效性发展。

第四节　新媒体的发展趋势

一、技术创新对新媒体发展的推动趋势

（一）人工智能的广泛应用

人工智能作为一种新兴技术正在不断深入新媒体的各个领域，并带来了深刻的变革。人工智能凭借其强大的数据处理和分析能力、自然语言理解和生成能力以及机器学习能力，为新媒体内容生产、分发、互动等环节提供了新的解决方案和发展路径。

从内容生产的角度来看，人工智能可以通过自然语言处理、计算机视觉等技术快速理解和分析海量数据，并根据设定的规则和算法自动生成文章、视频、图像等多样化的内容。例如，许多新闻媒体开始应用智能写作助手，它能够从多个数据源获取信息，快速生成具有时效性的新闻报道。一些短视频平台则利用人工

智能算法为创作者推荐素材、提供剪辑建议,大大提高了视频制作的效率。基于生成对抗网络的图像处理技术还能够用于创建逼真的虚拟人物和场景,为影视创作提供更多可能性。

在内容分发和推荐方面,人工智能通过对用户行为数据和偏好的深入分析,可以实现精准的个性化推荐。借助机器学习算法,新媒体平台能够从海量内容中甄选出最能吸引特定用户的信息,进而提升用户的黏性和满意度。例如,短视频平台算法会根据用户的观看历史、互动行为等数据,推测其兴趣偏好,并不断调整推荐策略,使其看到更多感兴趣的内容。新闻客户端也常常利用人工智能技术分析用户的阅读行为,从而为其提供个性化的信息流和热点推荐。

人工智能还为新媒体互动和平台运营带来了新的可能。聊天机器人和智能客服是其中的典型应用。通过自然语言处理和知识图谱技术,聊天机器人可以理解用户的问题和需求,并给出相对准确和自然的回复。这不仅能够提供全天候的客户服务,减轻人工客服的压力,还能通过主动互动增强用户体验,提升品牌亲和力。此外,人工智能还能通过对用户反馈数据的分析,帮助媒体平台优化产品功能,改进运营策略。

(二)区块链技术的影响

区块链技术作为一种去中心化的分布式账本技术,正在深刻影响着新媒体的发展格局。区块链技术的去中心化特征使得信息传播和价值交换能够在点对点的网络中自主完成,无须依赖传统的中心化平台。这种模式有效解决了新媒体领域长期存在的数据孤岛、版权保护、利益分配等问题,为内容创作者和消费者搭建起直接连接的桥梁。

在内容生产和分发环节,区块链技术的应用正在催生出一种全新的价值流通机制。基于区块链技术的内容平台能够确保创作者对作品的所有权和收益权,实现内容价值的精准定价和自动结算。这不仅激励了优质内容的生产,也为创作者提供了更加公平透明的收益分配机制。与此同时,区块链技术驱动下的内容分发网络更加高效和灵活,能够根据用户的个性化需求实现精准推送,突破了传统平台的流量垄断和算法限制。

在社交互动和公共治理方面,区块链技术同样蕴含着巨大潜力。去中心化的社交网络能够最大限度地保护用户隐私,赋予用户对数据的主权和控制权。这种"自我主权身份"的理念与新媒体时代个性化表达、自由平等交流的价值诉求高度契合。而基于区块链技术的社区治理机制则有望破解平台规则制定和利益博弈困局，通过智能合约和代币激励等手段实现社区成员的自治与良性互动，构建一个更加民主、包容、多元的新媒体生态。

当然，区块链技术在新媒体领域的应用仍处于起步阶段，仍面临着诸多挑战。首先，现有区块链平台的性能和可扩展性尚不能完全满足新媒体应用的高并发、低延迟要求。其次，区块链系统的复杂性和专业性对普通用户形成了较高的认知和操作门槛。如何设计出易用、易懂的产品接口，打造出具有广泛市场吸引力的区块链新媒体平台，考验着业界的智慧和创新。最后，区块链技术去中心化的理念与现实的法律法规和商业模式之间尚存在诸多冲突。如何在合规监管和去中心自治之间寻求平衡，在商业利益和社区利益之间实现共赢，仍需要持续的政策调整和机制创新。

尽管挑战重重，区块链技术在新媒体领域的应用前景依然值得期待。它为新媒体生态注入了去中心化、自治化的基因，为内容价值重构、社交关系重塑、平台治理重构提供了全新的技术路径。可以预见，随着技术的不断成熟和迭代，区块链技术必将推动新媒体迈向更加高效、透明、多元、包容的未来。在这场"信任的革命"中，无论是内容创作者、平台运营者，还是普通读者，都将获得更多表达和交互的自由，以更加独特和有尊严的方式参与内容生产和信息交换。区块链技术与新媒体的融合，必将揭开万物互联时代崭新的篇章。

（三）VR 与 AR 的创意应用

VR 和 AR 技术正在为新媒体的发展注入新的活力。VR 技术通过构建逼真的虚拟环境，为用户提供身临其境的沉浸式体验。戴上 VR 设备，用户仿佛置身于另一个世界，可以与虚拟对象进行交互，获得前所未有的感官刺激。这种沉浸式体验打破了传统媒体的限制，为用户提供了更加真实、生动的内容呈现方式。与 VR 不同，AR 技术则是将虚拟信息叠加到真实世界之上，实现虚实结合。用户通过 AR 设备，可以在现实环境中观察到虚拟物体，获得增强的感知体验。这种技术在教育、游戏、旅游等领域都具有广阔的应用前景。例如，学生可以通过 AR 技术观察历史场景的复原，游戏玩家可以在现实世界中与虚拟角色互动，旅游者可以获得实时的导航和解说服务。

VR 和 AR 技术的发展，为新媒体内容生产提供了新的创意空间。内容创作者可以利用这些技术，设计出更加生动、逼真、互动性强的内容产品，满足用户日益增长的体验需求。例如，新闻媒体可以利用 VR 技术，让受众身临其境地感受新闻事件现场；电商平台可以利用 AR 技术，为消费者提供虚拟试穿、虚拟装修等服务；社交平台可以利用 VR 技术，营造出更加真实、自然的社交场景。

尽管面临诸多挑战，但 VR 和 AR 技术的发展趋势不可逆转。随着技术的不断进步和成本的逐步下降，这些技术必将在新媒体领域得到更加广泛的应用。未来，越来越多的用户将通过 VR 和 AR 设备获取信息、娱乐休闲、社交互动。这不仅将极大地丰富人们的媒介体验，也将推动新媒体行业的变革和升级。

二、用户行为变化与新媒体的发展趋势

（一）用户参与度提升

随着信息技术的迅猛发展和移动互联网的普及，用户参与内容生产和传播的意愿与能力显著提升。在新媒体时代，用户不再是被动的信息接收者，而是新闻生产和传播过程中不可或缺的重要力量。用户参与度的提升，深刻影响着新媒体生态的发展走向。

用户参与内容生产是新媒体时代的显著特征。得益于数字技术和移动设备的普及，人人都可以成为内容的创造者。无论是文字、图片，还是音频、视频，用户都能够随时随地记录和分享自己的感受与见解。这种自主创造的过程，不仅满足了用户表达自我的需求，也极大地丰富了新媒体平台的内容形态。UGC 模式已经成为新媒体内容的重要组成部分。越来越多的新媒体平台意识到 UGC 模式的价值，纷纷推出激励机制，鼓励用户创作和分享优质内容。

用户参与内容传播的方式也日益多样化。在社交媒体时代，用户不仅是内容的生产者，更是信息的"把关人"和"放大器"。通过点赞、评论、转发等互动行为，用户对内容进行筛选、评价和再分发，影响着信息的传播范围和方向。算法推荐技术的应用，更赋予了用户"无意识"的传播能力。用户的行为数据成为算法优化的重要参考，进而影响平台内容分发的逻辑。可以说，用户已经成为新媒体信息传播中举足轻重的环节。

用户参与度的提升，推动了新媒体与受众关系的转变。在传统媒体时代，媒体与受众之间是一种自上而下的单向传播关系。而在新媒体环境中，这一关系正在被打破。媒体不再高高在上，而是需要不断与用户互动，倾听用户的声音，回应用户的诉求。只有真正以用户为中心，洞察并满足用户的需求，新媒体平台才能赢得用户的青睐和忠诚度。构建良性的媒体—用户关系，已成为新媒体生存发展的关键。

当然，用户参与度的提升也带来了一些挑战和风险。UGC 模式质量的参差不齐，虚假信息和低俗内容的不时出现，给内容管理和平台治理带来新的难题。

过度追逐流量和点击率，可能导致媒体平台沦为迎合用户口味的"算法推手"，背离内容生产的初心。

（二）个性化内容需求的满足

个性化内容需求凸显了新媒体时代用户行为模式的重大变革。随着互联网技术的发展和智能终端的普及，用户不再满足于被动地接收媒体推送的内容，而是期望获得更加贴合自身兴趣、需求的信息和服务。这种需求的转变正在深刻影响着新媒体平台的内容生产和分发策略，推动媒体形态从"大众传播"向"私人定制"演进。

新媒体平台要满足用户日益增长的个性化需求，需要精准把握用户画像。借助大数据、人工智能等技术手段，平台可以全面收集用户的人口统计学信息、兴趣爱好、行为习惯等数据，并进行智能化分析和挖掘，从而洞察不同用户群体的特点和需求。基于这些统计数据，平台可以为用户推荐更加精准、有针对性的内容，提升用户的满意度和忠诚度。

个性化内容推荐的实现，离不开算法技术的支持。协同过滤、内容过滤、混合推荐等算法模型，能够根据用户的历史行为、偏好特征，智能化预测其可能感兴趣的内容，实现千人千面的个性化推荐。例如，抖音、快手等短视频平台利用强大的推荐算法，根据用户的观看、点赞、评论等行为，不断优化其信息流，让每个用户都能获得量身定制的视频内容。个性化推荐不仅提升了用户体验，也延长了用户在平台上的停留时间，增强了平台的用户黏性。

个性化内容需求的兴起，也对新媒体平台的内容生产提出了新的要求。为了满足用户多元化、细分化的需求，平台需要拓宽内容生产渠道，鼓励用户生成内容（UGC）、专业生产内容（PGC）、职业生产内容（OGC）等多种内容形态的生产。与此同时，平台还需加强内容分类和标签体系建设，实现内容的精细化、结构化管理，为个性化推荐提供数据基础。此外，借助人工智能技术，平台还可以实现内容的自动生成和个性化定制，进一步提升内容生产的效率和针对性。

个性化内容需求的满足，最终要落实到用户体验的优化上。新媒体平台需要为用户提供更加友好、便捷的信息获取和交互方式，如个性化信息流、智能搜索、语音交互等，让用户能够轻松地发现和获取自己感兴趣的内容。同时，平台还需要加强用户反馈机制建设，通过用户评价、反馈等数据，动态优化推荐算法和内容策略，不断提升个性化服务的精准度和用户满意度。

个性化内容需求是新媒体时代用户行为变革的必然产物，它对新媒体平台的内容生产、分发、服务提出了更高的要求。新媒体平台要把握这一趋势，加强用户洞察和算法技术应用，拓展内容生产渠道，优化用户体验，才能在激烈的市场竞争中赢得主动。可以预见，随着技术的进步和用户需求的进一步细分，个性化内容服务将成为新媒体平台的核心竞争力，能够推动媒体形态和商业模式的持续创新。

（三）社交互动模式变化

社交网络的普及深刻地改变了人们的互动方式，同时也催生了新的社交互动模式。在传统的面对面交流中，人们往往受限于时间、空间等因素。而社交网络打破了这些藩篱，让个体能够跨越地域，与更广泛的人群建立联系。这种去中心化、扁平化的社交形态，极大地拓展了人际交往的广度和深度。

社交网络重塑了人们的社交行为和互动习惯。点赞、转发、评论等互动方式的兴起，让个体表达观点、传递情绪变得更加便捷和直接。这些轻量化的社交反馈不仅满足了用户的表达需求，也增强了人与人之间的情感联结。同时，标签、兴趣小组等社交媒体的功能设计，让志同道合者能够迅速找到对方，激发了圈层内的深度互动。这些新的互动机制改变了社交的节奏和深度，塑造了更加多元、活跃的社交生态。

"去中介化"是社交网络带来的另一重要变革。在社交媒体时代，个体拥有了直接触达受众的渠道，无须依赖传统的信息中介。这一变化不仅赋予了普通用户更大的话语权，也催生了意见领袖、网红等新型社交角色的崛起。一些网络"大V"凭借自身影响力，成为连接企业、用户的关键纽带，重塑了社会舆论场的结构。这种去中介化趋势打破了信息传播的垄断，让社会互动更加扁平、透明。

社交网络也为弱连接的价值挖掘提供了条件。与强连接不同，弱连接指的是那些非亲非故、关系疏远的社会联结。在传统社交情境下，人们往往忽视弱连接的存在。但在社交网络中，弱连接却能发挥出"桥梁"作用，帮助个体获取新信息、拓展人脉。这种"强弱连接理论"在职场社交、资源对接等领域得到了充分的印证。社交媒体让弱连接的维系成本大幅降低，为社会资本的积累创造了条件。

三、新媒体平台的多元化发展趋势

（一）短视频平台的崛起

短视频平台作为新媒体中一支异军突起的力量，正深刻影响着信息传播格局与社会文化生态。随着移动互联网的普及和智能手机的广泛应用,短视频以其简洁、生动、有趣的特点深受用户喜爱,未来仍将是新媒体内容的主要形式之一。随着用户对短视频内容质量要求的不断提高,短视频的制作将更加专业化、精细化,内容也将更加多元化,涵盖新闻、娱乐、教育、科技等各个领域。

一方面,与传统长视频相比,短视频在内容和形式上别具一格。它善于捕捉生活中的点滴瞬间,记录平凡中的不平凡,反映时代的细微变迁。短小精悍的视频时长,通常在几十秒到几分钟之间,契合了现代人碎片化的时间特点。同时,短视频更加强调视听语言的表现力,通过背景音乐、特效、字幕等方式,营造轻松愉悦的观感体验。在题材选择上,短视频平台往往鼓励原创和多样性,涌现出搞笑、音乐、舞蹈、美食、萌宠等各具特色的垂直品类。

短视频平台还催生了独特的互动文化和社群氛围。点赞、转发、评论等低门槛的互动方式,化解了人们对社交的焦虑,缓解了情感表达的压力。挑战、接力等有趣的互动玩法,引发用户参与热情,带动话题传播。"打卡"式的拍摄地标,串联起线上线下的互动链条。围绕短视频平台,形成了粉丝经济、直播经济等全新业态。从某种程度上,短视频平台实现了泛娱乐化的情感连接和社交脉络再造。

另一方面,短视频平台的商业模式不断创新,构建起多元化的变现路径。广告营销是短视频平台的重要收入来源之一,精准投放和创意植入可以实现品牌曝光与销量转化的双赢。电商和短视频的融合发展,实现了从"种草"到"拔草"的闭环,直播间里网红的"真情实感"安利,激发了粉丝的购买冲动。知识付费、游戏联运等方式,也为优质内容创作者提供了更多变现选择。

短视频平台的崛起也引发了一系列社会文化变迁。"全民皆可射手,人人皆可成名",短视频平台似乎打破了专业媒体的垄断,实现了草根民众的话语权提升。然而算法推荐背后,仍存在着信息茧房、同质化内容泛滥等问题,亟须加强平台责任和价值引领。此外,沉溺于短视频的快餐文化,也可能影响用户的深度思考和专注力。因此,如何在把握机遇的同时,防范风险、承担责任,推动短视频朝着健康有序的方向发展,是值得持续关注的课题。

(二)音频媒体的兴起

随着数字化时代的到来,音频媒体正以前所未有的速度和广度渗透到人们的日常生活中。从播客、有声读物到语音社交应用,音频内容正成为人们获取信息、放松娱乐、社交互动的重要途径。这一趋势的兴起,既反映了音频媒体自身的技术进步和形态创新,也契合了现代人碎片化、移动化的媒体使用习惯。

与传统的文字、图像、视频等媒体形态相比,音频媒体具有独特的优势。首先,音频内容可以在用户进行其他活动时被动接收,如通勤、运动、做家务等,因此更容易被纳入碎片化的时间利用中。其次,对于视力障碍群体和文字识读能力较弱的人群而言,音频媒体提供了更便利、平等的信息获取渠道。最后,音频表达往往更富于情感和代入感,有助于构建亲密、信任的人际关系,这在语音社交等场景中体现得尤为明显。

当前,播客是音频媒体领域最受瞩目的品类之一。播客节目涵盖新闻资讯、知识科普、情感生活等多元主题,既有专业制作团队提供的高质量内容,也有草根爱好者基于兴趣原创的个性化节目。与传统电台不同,播客摆脱了时间和地域的限制,用户可以按需收听、订阅感兴趣的节目。互联网巨头也纷纷入局,在音频平台上发力布局,进一步推动了播客行业的繁荣。

有声书市场的爆发式增长,也彰显了音频媒体的强劲发展势头。相比纸质图书,有声书不仅能满足用户随时随地"读书"的需求,还能提供独特的听觉体验,如名家名著的名演员朗读版本等。数据显示,近年来有声书销售额持续攀升,付费用户规模不断扩大,受众群体也从传统的视障人士拓展至更广泛的普通读者。有声书正成为人们利用碎片时间提升自我、陶冶情操的首选载体。

语音社交的兴起,则为音频媒体开辟了创新的应用场景。基于实时语音聊天的社交应用,让用户可以突破文字表达的局限,以更自然、亲切的方式进行社交互动。这不仅拉近了人与人之间的距离,也让社交网络回归到更有温度的语音交流。

对内容创作者而言,音频媒体的兴起也带来了新的机遇和挑战。一方面,相比文字、视频等形式,音频内容的制作门槛相对较低,这为更多草根创作者提供了表达空间。另一方面,海量音频内容的涌现也意味着竞争加剧,如何制作出有深度、有特色的优质内容,并借助算法、平台等资源触达目标受众,考验着创作者的专业能力和创新意识。

(三)社交电商的融合

社交电商作为一种新兴的商业模式,正在成为推动新媒体生态发展的重要力量。社交电商将社交网络与电子商务相融合,利用社交平台的人际关系网络进行商品推广和交易。这种模式不仅为消费者提供了更加个性化、互动性强的购物体验,也为商家开辟了精准营销的新渠道。

从消费者的角度来看，社交电商满足了人们在购物过程中的社交需求。在传统的电商平台上，消费者往往独立进行选购和下单。而在社交电商中，消费者可以与好友、家人分享购物体验，获得他们的评价和建议。这种基于信任关系的互动交流，不仅增强了购物的乐趣，也提高了消费决策的质量。同时，社交电商还能根据用户在社交平台上的行为数据，为其推送个性化的商品信息，提升购物的便捷性和精准度。

对于商家而言，社交电商为其提供了接触目标客户、开展精准营销的新途径。商家可以通过社交平台建立品牌形象，与潜在客户直接互动，传播产品信息。相比于传统的广告投放，这种基于社交关系网络的营销方式更加精准、高效。商家还可以利用社交平台的大数据分析能力，深入洞察消费者需求，优化产品设计和营销策略。此外，社交电商还能帮助中小商家突破地域限制，触达更广泛的市场。

在新媒体生态中，社交电商正在与其他平台形成融合发展的趋势。例如，短视频平台、直播平台等都在积极布局社交电商，将内容创作与商品销售相结合。这种跨平台的融合不仅丰富了社交电商的内容形式，也为商家提供了更加多元化的营销渠道。未来，社交电商有望与 VR/AR、AI 等前沿技术相结合，创造出更加注重沉浸式体验、交互性更强的购物体验。

四、新媒体与传统媒体融合发展的趋势

（一）跨平台内容整合

跨平台内容整合是新媒体发展的必然趋势，它打破了传统媒体各自为政的局面，实现了内容的无缝衔接和资源的优化配置。随着移动互联网的普及和智能终端的广泛应用，用户对于信息获取的便捷性、及时性和个性化提出了更高的要求。而跨平台内容整合恰恰能够满足这些需求，为用户提供一站式的信息服务和沉浸式的媒体体验。

从技术层面来看，云计算、大数据等新兴技术的应用为跨平台内容整合提供了有力支撑。通过云平台，不同媒体形态的内容可以实现统一存储、管理和调度，实现资源的集中化和智能化。大数据技术则可以帮助媒体机构深入洞察用户行为，精准把握用户需求，从而实现内容的智能推荐和个性化定制。这些技术的应用不仅提高了内容生产和传播的效率，也极大地丰富了用户的媒介消费体验。

从内容层面来看，跨平台内容整合有利于实现内容的多元化呈现和交互式传播。在传统媒体时代，不同媒体形态之间存在明显的界限，文字、图片、音频、

视频等内容相对独立，很难实现有机融合。而在跨平台内容整合的背景下，不同形态的内容可以无缝衔接，相互补充，形成立体化、沉浸式的传播效果。同时，用户不再是被动的信息接收者，而是可以通过点赞、评论、分享等方式参与到内容生产和传播过程中，实现了真正意义上的交互式传播。

当然，跨平台内容整合也面临着一些挑战和问题。比如，不同平台之间存在技术标准不统一、数据壁垒严重等问题，导致内容的无缝对接和共享面临困难。再如，跨平台内容生产需要投入大量的人力、物力和财力，对媒体机构的运营能力提出了更高的要求。此外，如何在内容整合的过程中保护知识产权，防止内容被非法复制和传播，也是一个亟待解决的问题。

面对这些挑战，媒体机构需要加强顶层设计，制订科学合理的跨平台内容整合策略。一方面要加强技术创新，突破平台壁垒，实现内容的无缝对接和共享。另一方面要加强内容创新，提高内容质量，满足用户个性化、多元化的需求。同时，还要加强版权保护，建立健全的内容管理和监督机制，维护内容生产者的合法权益。

（二）传统媒体的数字化转型

面对数字化转型的大潮，传统媒体正在经历一场深刻而全面的变革。数字技术的飞速发展不仅重塑了媒体的生产、传播和消费模式，也为传统媒体带来了前所未有的机遇与挑战。传统媒体要想在数字时代焕发新的生机，必须主动拥抱变革，加快数字化转型步伐，重构组织架构和业务流程，提升内容生产和传播能力，开拓多元化的盈利模式，从而实现从传统向现代的华丽转身。

数字化转型的核心在于利用数字技术重塑媒体的生产方式和传播渠道。传统媒体要从内容生产的源头入手，运用大数据、人工智能等前沿技术，提升内容的针对性和互动性。例如，借助算法推荐、用户画像等技术，传统媒体可以根据受众的兴趣特点和媒介偏好，实现个性化、精准化的内容分发。同时，传统媒体还应该积极开发融媒体产品，打造沉浸式、交互式的内容形态，满足受众多样化、碎片化的信息需求。央视新闻推出的"央视频"App就是一个典型案例，它集图文、音视频、直播等多种形态于一体，为用户提供了丰富的选择，极大地提升了用户体验感和用户黏性。

组织架构和流程再造是传统媒体数字化转型的关键一环。在数字时代，传统媒体组织需要突破条块分割的藩篱，实现采编发一体化运作，提高资源配置效率和决策响应速度。很多传统媒体都在积极进行流程再造，如成立专门的融媒体中心，打通报纸、广播、电视等部门，实现资源共享、优势互补。同时，一些媒体还引入敏捷开发、数据驱动等先进理念和方法，调整绩效考核机制，激发内部活力，加快产品迭代速度。这些变革举措有助于塑造与数字时代相适应的扁平化、网络化、灵活高效的组织形态。

开放平台战略是传统媒体数字化转型的重要路径。随着自媒体崛起和信息渠道激增，传统媒体在内容生产和传播上的优势正在减弱。要突破这一困局，传统媒体需要从封闭走向开放，积极构建内容生态，与平台和用户实现价值共创。一些传统媒体已经尝试搭建开放平台，吸引专业机构、公众参与内容生产，众包优质资源。例如，腾讯新闻推出了创作服务平台，通过众包形式吸引广大内容创作者加入，允许他们通过平台发布新闻、文章、视频等。平台通过分享广告收入、提供创作工具等方式，吸引大量个人和小型创作者加入。这不仅丰富了平台的内容，也提升了新闻报道的广度和多样性。开放平台战略不仅扩大了媒体的内容来源，也为媒体注入了源源不断的创新活力。

内容付费和多元变现是传统媒体"造血"的重要途径。在数字时代，免费模式难以为继，优质内容需要优质回报。一些传统媒体率先转型数字订阅，通过高品质、个性化、专业化的内容服务吸引付费用户。《纽约时报》推出的数字订阅服务就取得了巨大成功，其订阅服务收入已超过网络广告收入。除了内容付费，一些媒体还积极开拓电商、游戏、知识付费等多元业务，打造新的利润增长点。当然，无论是内容付费还是其他衍生业务，提供优质内容和服务始终是立身之本。只有以优质内容为核心，传统媒体才能获得数字化转型的持久动力。

数据能力建设是传统媒体数字化转型的重要基石。在数字时代，谁掌握了数据，谁就掌握了未来。传统媒体要建立从数据采集、存储、分析到应用的全流程能力，利用数据赋能内容生产、分发推荐、用户管理、广告投放等环节，实现精细化运营。尤其要重视用户数据的积累和分析，深入洞察用户需求，为其提供更加精准、优质的服务。在数据安全和隐私保护方面，传统媒体也要严格遵守相关法律法规，加强数据伦理治理，树立负责任的行业形象。

直面数字化转型，既是传统媒体的危机，也是转机。置身变革洪流之中，传统媒体唯有以变革者的姿态，主动求变，加快转型步伐，才能在危机中育新机、于变局中开新局。数字化转型不仅关乎传统媒体自身的生存发展，更关乎全行业的未来图景。传统媒体要立足自身禀赋，找准发展定位，在内容创新、平台构建、商业模式、数据能力等方面精准发力，激活数字基因，重塑核心竞争力，开创属于自己的数字化未来。这既需要勇气和魄力，也需要战略眼光和创新智慧。唯此，

(三)媒体生态系统的协同发展

随着媒介技术的不断进步和媒体形态的日益丰富,传统媒体与新兴媒体之间的界限正在逐渐模糊。它们不再是相互割裂、彼此对立的存在,而是开始走向融合、互补、协同的发展道路。这种融合不仅体现在传播渠道和内容形式上,更深层次地反映了媒体生态系统的整体性和关联性。

在这个过程中,传统媒体正在积极拥抱互联网,探索数字化转型之路。报纸、广播、电视等传统媒体纷纷开设网络版、移动端,利用新媒体平台扩大传播范围、吸引年轻受众。同时,它们也在借助大数据、人工智能等技术手段,优化内容生产和分发流程,提升用户体验和精准推送能力。可以说,传统媒体正在主动求变,努力适应新的传播生态。

与此同时,新兴媒体也在不断吸收传统媒体的优秀基因,完善自身的内容生产机制和质量把控体系。一方面,许多新媒体平台开始重视原创内容的生产,聘请专业编辑记者,打造精品栏目,提升内容的深度和权威性。另一方面,新媒体也在借鉴传统媒体的运作模式,建立起较为完善的采编流程和内容审核机制,提高信息发布的规范性和可信度。

在融合发展的大趋势下,跨媒体、跨平台的内容整合日益频繁。报纸、广播、电视等传统媒体积极利用新媒体渠道,实现内容的多元化呈现和分发。它们通过开设官方微博、微信公众号、客户端等,将图文、音频、视频等多种形式的内容进行有机整合,实现"一次采集、多元传播"。同时,新媒体平台也开始重视与传统媒体的内容合作,通过内容授权、资源置换等方式,丰富自身的内容矩阵。

媒体融合发展的目标,不仅仅在于实现传统媒体与新兴媒体的简单叠加,更在于推动媒体形态和传播方式的根本性变革。在这个过程中,不同类型的媒体正在重新定位自身角色,优化资源配置,探索协同发展的路径。传统媒体在融合中找到了转型突破的契机,新兴媒体则在博采众长中实现了跨越式发展。可以预见,随着媒介技术的进步和融合程度的加深,未来的媒体生态系统将更加完善、均衡、多元。不同类型的媒体将在错位发展中实现优势互补,在协同发展中实现资源共享。媒体生态系统的协同进化,将开启信息传播的新纪元。

第二章　新媒体运营概述

本章详细探讨了新媒体运营的多方面内容。首先，分析了新媒体运营的基本概念，强调了其在互联网时代的核心作用与重要性。其次，介绍了新媒体运营的常用思维，包括用户思维、内容思维、活动思维、裂变式传播思维、数据思维、创新思维等，这些思维是新媒体从业者必备的核心素养。再次，聚焦于新媒体运营的素质要求，提出从业者需具备创新思维与创意能力、数据分析与解读能力、沟通与协作能力、危机处理与应对能力、技术工具的应用能力等多方面的能力。最后，展望了新媒体运营的发展趋势，指出随着技术的不断进步和用户需求的变化，新媒体运营将更加注重个性化、互动性和跨平台整合，为品牌和企业创造更大的价值。

第一节　新媒体运营的基本概念

一、新媒体运营的核心要素

（一）内容创作

内容创作是新媒体运营的核心要素之一，它直接决定了新媒体平台的吸引力和影响力。高质量的内容能够吸引用户的注意力，提高用户的参与度和忠诚度，进而实现新媒体平台的商业价值。因此，新媒体运营者必须高度重视内容创作，不断提升内容质量，才能在激烈的市场竞争中脱颖而出。

内容创作的首要原则是贴近用户需求。新媒体平台的用户群体多样化，他们有着不同的兴趣爱好、知识背景和价值观念。新媒体运营者必须深入了解用户的需求，有针对性地创作内容。一方面，内容要与平台定位相匹配，符合用户的期望和口味；另一方面，内容还要具有独特性和创新性，给用户带来新鲜感和惊喜感。只有不断满足并超越用户需求，才能真正吸引用户、留住用户。

内容创作还需要重视互动性和参与性。新媒体时代，用户不再是被动的信息接收者，而是主动的内容生产者和传播者。新媒体运营者要充分利用平台的互动功能，鼓励用户参与内容创作和讨论。例如，可以通过话题讨论、有奖问答等形式，调动用户的积极性；又如，可以将 UGC 纳入内容生态，形成"平台+用户"的内容共创模式。互动性和参与性不仅能增强用户黏性，也能为内容创作提供源源不断的素材和灵感。

内容创作还需要重视数据分析和优化迭代。在新媒体运营中，数据是内容创作的重要依据。新媒体运营者要通过数据分析工具，及时了解内容的传播效果、用户反馈等关键指标，并据此优化内容。例如，根据阅读量、点赞量、转发量等数据，调整内容主题和风格；再如，根据用户评论和反馈，改进内容质量和互动方式。内容创作是一个不断优化迭代的过程，只有以数据为导向，持续进行优化，才能不断提升内容的质量和影响力。

（二）用户互动

用户互动是新媒体运营中至关重要的一环，它是平台与用户之间建立联系、促进交流的重要途径。在新媒体时代，单向传播的模式已经难以满足用户日益增长的互动需求，只有积极倾听用户声音，及时回应用户诉求，才能真正赢得用户的信赖和支持。

从内容层面来看，用户互动有助于优化内容生产和传播策略。通过与用户的交流和反馈，新媒体运营者能够更加精准地把握用户的兴趣偏好和阅读习惯，从而创作出更加贴近用户需求的内容。同时，用户的评论、转发、点赞等互动行为也为内容的二次传播提供了重要助力，扩大了内容的影响力和触达范围。

从关系层面来看，用户互动是构建平台与用户之间情感纽带的关键环节。通过回复评论、解答疑问、参与讨论等方式，新媒体运营者能够拉近与用户之间的距离，增进彼此的了解和信任。这种良性的互动不仅能够提升用户对平台的认同感和归属感，也能够为平台积累忠实的核心用户群。

从数据层面来看，用户互动为平台提供了丰富的用户数据。通过分析用户的互动数据，新媒体运营者能够更加全面地了解用户的行为特征和心理诉求，为优化运营策略、改进产品体验提供有力支撑。例如，通过识别高互动度的内容类型和互动时段，平台可以有针对性地调整内容推送和互动引导策略，提升整体运营效果。

用户互动是新媒体运营的重要抓手,它贯穿于内容生产、关系维护、数据分析等运营全流程。只有高度重视并持续深化用户互动,不断提升互动质量和黏性,才能真正实现以用户为中心的运营理念,携手用户共创美好的新媒体生态。在新时代背景下,加强用户互动已经成为新媒体平台生存发展的必由之路。

(三)数据分析

数据分析是新媒体运营中一项关键而复杂的工作,它贯穿于新媒体运营的全过程,为运营策略的制订和优化提供了重要依据。在海量的用户行为数据和平台指标中,新媒体运营人员需要具备敏锐的洞察力和缜密的分析能力,方能透过纷繁芜杂的表象,洞悉其中蕴藏的规律和价值。

从数据采集的角度来看,新媒体平台提供了多样化的数据接口和工具,使得新媒体运营人员能够便捷地获取用户的人口统计学信息、使用习惯、互动情况等第一手数据。但面对如此庞大而复杂的数据集,如何从中甄选出真正有价值的数据,并进行有效的清洗和处理,对新媒体运营人员的数据素养提出了较高要求。同时,不同平台的数据口径和统计方式各不相同,运营人员还需要具备一定的数据标准化能力,才能实现跨平台的数据整合和比较。

在数据分析的过程中,描述性统计是一个重要的起点。通过对平台关键指标如浏览量、点击量、转化率等进行统计和可视化呈现,新媒体运营人员可以直观地了解内容传播的整体效果和趋势变化。但仅仅停留在表面的数据呈现是远远不够的,优秀的新媒体运营人员还需要深入挖掘数据背后隐藏的因果关系和影响机制。例如,通过相关分析探究不同维度指标之间的关联度,可以发现优质内容的特征;通过对比分析不同时间段、不同用户群体的数据差异,可以找出影响传播效果的关键因素。

在诸多分析方法中,用户画像是一项极具价值而又颇具挑战的工作。它要求新媒体运营人员在海量用户数据中提炼出典型用户的特征和行为模式,并以此为基础进行精准化运营和个性化推荐。用户画像的核心是从数据中洞察用户的真实需求和偏好,进而为其匹配最感兴趣、最有价值的内容和服务。这一过程不仅需要扎实的数据分析功底,更需要深刻理解用户心理和行为规律。

数据分析的价值最终要通过运营实践来体现。一方面,分析结果可以直接指导内容生产、发布时间、传播渠道等策略的优化调整;另一方面,新媒体运营人员还需要基于数据分析,持续进行 A/B 测试、效果评估等探索性实践,在动态变化的平台环境和用户需求中不断探索最优解。这就要求新媒体运营人员具备数据驱动的思维模式，善于运用数据分析的方法和工具指导实际运营，并在实践中持续积累和优化。

二、新媒体运营的目标

（一）品牌推广

在新媒体时代，品牌推广已经成为企业营销战略的重要组成部分。新媒体平台为品牌传播提供了更加广阔的空间和更加多元化的方式，使得品牌推广呈现出全新的特点和趋势。

首先，新媒体环境下的品牌推广更加注重互动性和参与性。传统的品牌推广主要依靠单向传播，如电视广告、平面广告等，受众处于被动接收的地位。而在新媒体时代，社交媒体、视频平台等为品牌与消费者之间搭建了双向沟通的桥梁。品牌可以通过发布有趣、有价值的内容，引发用户的关注和讨论；同时，用户也可以通过评论、转发、点赞等方式表达自己的看法，参与到品牌话题中来。这种互动不仅增强了用户对品牌的认知和好感，也为品牌提供了及时获取用户反馈、调整传播策略的机会。

其次，新媒体时代的品牌推广更加强调内容营销。在信息过载的时代，单纯的广告轰炸已经难以吸引用户的注意力。品牌需要通过高质量、有创意的内容来吸引和留住用户。这就要求品牌方深入洞察用户需求，精心策划和制作契合用户口味的内容。比如，某些品牌会邀请知名博主、网红进行产品试用和推荐，借助其在特定领域的影响力和公信力来提升品牌美誉度；有的品牌则通过讲述品牌故事、传递品牌理念的方式，塑造鲜明的品牌个性，引发用户共鸣。优质内容不仅能够提高品牌曝光率，更能深化用户对品牌的认知和情感联系。

再次，新媒体环境下的品牌推广呈现出碎片化和多元化的趋势。移动互联网的普及使得用户的媒介接触行为发生了巨大变化，碎片化阅读、多屏互动成为常态。品牌推广需要适应这一变化，合理利用和整合各种新媒体资源。一方面，品牌可以根据不同平台的特点和用户属性，有针对性地投放内容，实现精准触达；另一方面，品牌还需要在不同平台间协同发力，通过跨媒介、跨屏幕的立体传播，提升品牌影响力。比如，一个成功的营销案例往往包含微博话题、微信推文、短视频等多种形式，不同平台的内容相互呼应、相得益彰，形成了全方位、多层次的品牌传播矩阵。

最后，数据分析在新媒体品牌推广中扮演着越来越重要的角色。各大新媒体平台积累了海量的用户数据,这些数据包括用户的人口属性、兴趣爱好、行为习惯等多个维度。品牌方可以通过数据挖掘和分析,洞察目标受众的特征,优化传播策略和创意方案。例如,根据不同地区用户的互动情况,调整内容投放的时间和频次;或者通过A/B测试,比较不同创意的效果,选出最优方案。数据分析使得品牌推广更加精准和高效,避免了资源浪费,提升了营销投入产出比。

(二)用户增长

在新媒体运营中,用户增长扮演着至关重要的角色,它不仅是评估运营成效的关键指标,更是推动企业战略目标实现的核心环节。随着用户群体的不断扩大,企业能够显著提升品牌影响力,扩大市场份额,并最终实现商业价值的最大化。

首先,用户增长对于提升品牌影响力至关重要。当更多用户接触并了解企业的品牌时,品牌的知名度和美誉度自然会随之提升。用户数量的增加意味着品牌曝光率的提高,这有助于形成良好的品牌口碑,进而吸引更多潜在用户的关注。

其次,用户增长是企业扩大市场份额的重要手段。通过吸引更多用户,企业能够在市场中占据更大的空间,从而提升产品销量和市场份额。这一过程不仅增强了企业的市场竞争力,也为企业实现商业价值最大化奠定了坚实基础。

最后,用户增长还意味着用户黏性的提升。企业通过提供优质的内容和服务,能够吸引用户持续关注并参与互动,从而形成稳定的用户群体。这种用户黏性为企业长期发展提供了有力保障,使得企业能够在激烈的市场竞争中保持稳健的发展态势。

为了实现用户增长,新媒体运营者需要采取一系列策略。

首先,明确目标受众是首要步骤。通过深入的市场调研和数据分析,了解目标受众的年龄、性别、地域、兴趣爱好等特征,为内容策划和营销策略提供精准指导。例如,针对年轻用户群体,可以灵活运用短视频、直播等形式,提供有趣且互动性强的内容。

其次,优质内容是吸引用户的关键。新媒体运营者应根据目标受众的需求和兴趣,精心策划具有吸引力和传播力的内容。这些内容可以涵盖文字、图片、视频、音频等多种形式,以满足不同用户的需求。同时,内容应具备创新性和时效性,紧跟热点话题和流行趋势,以提高用户的关注度和参与度。

再次,精准营销策略也是提高用户转化率的重要手段。新媒体运营者应根据目标受众的特征和行为习惯,制订精准的营销策略。同时,利用数据分析工具跟踪营销效果，及时调整策略，以提高用户转化率和留存率。

最后，卓越的用户体验是留住用户的关键。新媒体运营者应密切关注用户的反馈和需求，不断优化产品功能和服务流程，以提高用户满意度和忠诚度。同时，建立有效的用户反馈机制，及时回应用户的问题和建议，能够增强用户的归属感和信任感，进而促进用户的持续关注和参与。

在不断提升用户体验的同时，新媒体运营者还应注重跨界合作和资源整合。通过与其他行业或品牌的合作，可以扩大品牌的曝光度和影响力，吸引更多潜在用户。例如，与热门知识产权（IP）、明星或网红合作，可以借助他们的影响力和粉丝基础，快速提升品牌的知名度和美誉度。

（三）社群维护

社群作为新媒体运营的重要载体，在聚焦用户需求、提升用户黏性、促进品牌传播等方面发挥着不可替代的作用。随着互联网技术的迅猛发展和移动终端的广泛普及，社交媒体逐渐成为人们日常交流和获取信息的主要渠道。在此背景下，社群运营作为新媒体运营的重要组成部分，其重要性日益凸显。

从用户需求的角度来看，社群满足了人们交流互动、获取信息、寻求认同的基本诉求。在社群中，用户可以围绕共同的兴趣爱好、话题主题展开讨论，表达自己的观点和看法，分享自己的经验和体会。这种交流互动不仅能够增进用户之间的情感联结，还能让用户获得归属感和存在感。同时，社群还是用户获取信息、解决问题的重要途径。通过向社群中的其他成员提问，用户可以快速获得有针对性的解答和帮助。这种用户之间的相互支持不仅提升了用户体验，也增强了用户对社群的信任和依赖。

从用户黏性的角度来看，社群有助于提升用户的忠诚度和活跃度。一个运营良好的社群能够持续吸引用户的注意力，激发用户的参与热情。通过组织线上线下活动、设置话题引导讨论、鼓励用户生成内容等方式，社群运营者可以不断为用户创造交流互动的机会，满足用户的社交需求。当用户在社群中建立起稳定的人际关系网络，形成强烈的归属感时，他们就会更加频繁、持续地参与到社群的活动中来。这种高度参与不仅提升了用户在社群中的停留时间，也增加了其重复访问的可能性，从而实现了用户黏性的提升。

从品牌传播的角度来看，社群是构建品牌形象、培养品牌忠诚的重要阵地。一方面，企业可以通过社群直接触达目标受众，向用户传递品牌理念、产品信息，塑造品牌个性。通过持续、高质量的内容输出，企业能够在用户心中建立起专业、可信赖的品牌形象。另一方面，社群为企业提供了直接倾听用户声音、了解用户需求的渠道。企业社群运营者可以通过分析社群用户的反馈意见，及时发现并解决产品或服务中存在的问题，不断优化用户体验。与此同时，积极回应用户关切，与用户保持良性互动，还能增进企业与消费者之间的情感联结，提升品牌美誉度和用户忠诚度。

三、新媒体运营的基本流程

（一）策划与准备

新媒体运营策划与准备阶段的首要任务是明确运营目标。新媒体运营团队需要根据企业或机构的整体发展战略，确定新媒体运营的具体目标，如提升品牌知名度、扩大用户群体、促进产品销售等。只有目标明确，后续的运营策划和实施才能有的放矢，避免盲目和低效。

1. 分析目标受众

在确定目标的基础上，新媒体运营团队还需对目标受众进行细致分析。不同的受众群体在年龄、职业、兴趣爱好等方面存在差异，对内容的偏好和接收方式也各不相同。因此，新媒体运营团队要深入了解目标受众的特点，精准定位其需求，有针对性地设计传播内容和形式，才能实现与受众的有效沟通和互动。

2. 优质内容策划

策划是新媒体运营的核心环节。优质的内容是吸引用户、留住用户的关键。新媒体运营团队要紧密围绕运营目标和受众需求，策划制作兼具专业性、趣味性和互动性的内容。一方面，内容要立足自身业务特点，传递有价值的信息和知识，彰显专业实力；另一方面，内容又要贴近用户生活，采用轻松活泼的表达方式，激发用户兴趣。同时，内容还应具有互动性，通过提问、投票、话题讨论等形式鼓励用户参与，增强用户黏性。在内容生产过程中，新媒体运营团队还需重视原创内容的打造。原创内容不仅能够彰显品牌个性，增强差异化竞争优势，更能获得用户的认可和信赖，引发自发传播。

3. 传播渠道的选择和布局

传播渠道的选择和布局也是策划阶段的重要内容。不同的新媒体平台在用户属性、传播特点上各有千秋。新媒体运营团队需要根据自身资源条件和受众分布，综合考虑各类平台的优势和局限，合理配置传播渠道。既要重点经营核心平台，又要统筹兼顾其他平台，形成立体化、多元化的传播矩阵。同时，还要注重各平台账号的差异化运营，避免内容和形式的雷同，提升综合传播效果。

4.品牌调性的塑造

品牌调性的塑造也是新媒体运营策划不可忽视的方面。塑造鲜明、统一的品牌调性有助于增强品牌辨识度，深化用户对品牌的印象。新媒体运营团队要基于企业或机构的定位、文化和价值观，确立新媒体传播的基调，并在内容创作、视觉设计、互动方式等方面保持一致，使品牌形象更加立体、饱满。在此基础上，还可进一步设计品牌专属的传播符号，如标志、吉祥物等，强化品牌个性。

（二）内容发布

内容发布是新媒体运营的重要环节，它直接关系到内容能否有效触达目标受众，实现预期的传播效果。在内容发布过程中，新媒体运营者需要从内容规划、编辑制作、发布时机、渠道选择等多个维度进行精心设计和把控，以确保内容的质量和影响力。

首先，高质量的内容是发布工作的基础。新媒体运营者应根据平台定位、受众特点及既定的传播目标，有针对性地规划内容选题，把握内容的深度和广度。在选题阶段，要充分考虑内容的时效性、独特性、实用性等，力求为受众提供有价值、有意义的信息。同时，内容的风格和呈现形式也要与平台调性相契合，以激发受众的兴趣，提升互动黏性。

其次，精良的内容编辑和制作是提升传播效果的关键。新媒体运营者要充分利用图文、音视频等多媒体元素，运用恰当的叙事手法和话语方式，对内容信息进行艺术化、可视化加工，以增强内容的吸引力和感染力。在制作过程中，还要注重细节品质，确保画面清晰、音质优良、结构完整、逻辑清晰，力求给受众带来良好的观感体验。

最后，合理把握内容发布的时机和频率。新媒体运营者要深入分析目标受众的媒介接触习惯，洞察其对信息的需求特点，在此基础上确定最佳的发布时间窗口。通过选择工作日、周末，或清晨、午间、晚间等不同时段进行发布，可以有效提高内容的到达率和互动率。同时，发布频率也要把握分寸，既要保持一定的更新节奏以维持受众黏性，又要避免过度频繁而引起审美疲劳。

（三）效果评估

新媒体运营的效果评估是一项系统而复杂的工作，需要新媒体运营者全面考察内容传播、用户互动、数据指标等多方面因素，客观衡量运营策略的实际效果。只有通过科学、严谨的评估，才能准确把握运营现状，发现存在的问题，进而优化运营方案，提升新媒体传播的影响力和转化率。

从内容传播的角度来看，效果评估要关注内容的覆盖面和传播深度。覆盖面反映了内容触达受众的广度，可以通过阅读量、点击率等指标来衡量。而传播深度则反映了受众对内容的认可程度，可以通过平均阅读时长、完播率、分享量等指标来评估。新媒体运营者需要综合考虑这两个维度，判断内容是否真正吸引了目标受众的注意力，满足了他们的需求。对于覆盖面广但传播深度不足的内容，新媒体运营者可以通过优化标题、封面等方式增强吸引力；对于传播深度高但覆盖面有限的内容，则可以通过推广、跨平台分发等手段扩大影响。

用户互动是效果评估关注的另一个重点。在新媒体时代，受众不再是被动的信息接收者，而是主动参与内容生产和传播的互动者。因此，新媒体运营者需要重视用户互动数据，如点赞量、评论量、转发量等，从中洞察用户对内容的态度和反馈。一个有价值、能引起共鸣的内容往往能引发用户积极互动，形成裂变式传播。新媒体运营者应该创造条件，鼓励用户参与讨论和分享，构建活跃、良性的互动生态。同时，新媒体运营者还要关注用户的具体反馈内容，及时回应他们的疑问和建议，用真诚的态度培养用户忠诚度。

数据指标是效果评估的基础和依据。在海量的运营数据中，新媒体运营者需要甄别出关键指标，建立科学的评估体系。一方面，要关注宏观数据，如粉丝量、阅读量、互动量等，把握整体运营态势；另一方面，也要挖掘细分数据，如受众画像、传播路径、转化率等，找出影响运营效果的关键因素。新媒体运营者需要打通数据孤岛，建立数据分析平台，运用大数据技术和智能算法，深入挖掘数据价值。同时，评估要立足长期效果，不能只盯着眼前的流量数字，而要关注用户价值的挖掘、品牌形象的塑造、商业模式的转化等深层次问题。

效果评估不是简单的"考试"或"结账"，而是新媒体运营优化的起点。评估结果为运营工作提供了反思和改进的依据，帮助新媒体运营者调整策略、把握方向。一方面，新媒体运营者要总结成功经验，分析效果突出的内容和活动，复制和推广有效做法；另一方面，新媒体运营者也要直面问题，找出制约传播效果的因素，有针对性地改进提升。

第二节　新媒体运营的常用思维

在移动互联网时代，新媒体的崛起与发展已然成为信息传播领域的一大亮点。新媒体之所以能够在短时间内迅速占领市场，其背后所蕴含的新媒体思维起到了至关重要的作用。新媒体运营不仅是一种技术操作，更是一种思维方式的体现。要想在新媒体领域取得营销的成功，就必须深刻理解并灵活运用新媒体思维，创造出真正有价值的内容，以此来吸引和留住用户，从而更好地运营媒体平台。

新媒体运营的常用思维，可以说是新媒体运营者必须掌握的"秘籍"。这些思维不仅指导着新媒体运营者的日常工作，更在无形中塑造着新媒体平台的未来走向。具体来说，新媒体运营的常用思维主要包括用户思维、内容思维、活动思维、裂变式传播思维、数据思维、创新思维。

一、用户思维

用户思维，顾名思义，就是站在用户的角度去思考问题，将用户视为新媒体运营的核心。在传统媒体时代，信息传播往往是单向的，媒体发布信息，受众被动接收。但在移动互联网时代，这一切都发生了翻天覆地的变化。新媒体平台与用户之间的互动变得前所未有的频繁和深入。这种互动不再是简单的信息反馈，而是网络信息的双向互通，是真正意义上的"交流"。

网络的特殊性赋予了每个人发声的权利，也改变了传统的单向的信息流动方式。用户不再只是被动的信息接收者，他们也是信息的创造者和传播者。网络舆论的生成让企业能够更直接地看到用户内心的想法和需求，这为新媒体运营提供了宝贵的参考。每个人都是互动的主体，每个人都有属于自己的观点和意见。这些观点的碰撞和交融，为新媒体运营带来了全新的面貌和无限的可能。

用户思维要求新媒体运营者不仅要关注用户的数量，更要关注用户的质量，还要深入了解用户的兴趣爱好、消费习惯等，以便为他们提供更加精准、更有价值的内容。同时，还要积极与用户进行互动，回应他们的疑问和建议，让他们感受到被重视和尊重。只有这样，才能真正建立起与用户之间的深厚联系，为新媒体平台的长期发展奠定坚实基础。

二、内容思维

内容思维是新媒体运营中最为核心的思维之一。在新媒体时代,信息呈爆炸式增长,用户面临着海量的选择。如何让自己的内容脱颖而出,成为用户关注的焦点,也是每一个新媒体运营者都必须思考的问题。内容思维强调的就是一种"打造精品内容"的理念。通过优质的、对用户有价值的内容来吸引用户、留住用户,这是新媒体运营的不二法门。

打造一个好的平台,内容的质量是首要关注的因素。但仅仅有好的内容还不够,还需要在内容的呈现方式上下功夫。新媒体运营者要从排版、图片、文字等细节入手,通过舒适的版面设计、高清的图片和有价值的文字来提升用户的阅读体验。只有让用户在阅读过程中感受到愉悦和满足,他们才会愿意继续留在平台上,甚至将平台主动分享给更多的人。

此外,内容思维还体现在平台内的资源运作上。当一个平台的用户量达到一定程度时,这些用户就不再只是简单的数字,而是一种宝贵的资源。新媒体运营者要充分利用这些资源,通过合理的运作和整合,实现平台和用户的利益最大化。比如,可以与用户进行深度合作,开展各种线上线下活动,让用户参与到平台的运营中来,成为平台发展的一股强大力量。

三、活动思维

活动思维,作为新媒体运营中不可或缺的一种思维方式,正日益彰显其在吸引用户、提升品牌影响力方面的独特价值。在移动互联网时代,消费者的注意力难以捉摸且极易被各类信息所吸引。他们不再满足于单调乏味的传统营销方式,而是更倾向于寻找那些充满娱乐性质的活动,以在繁忙的生活节奏中寻找一丝轻松与愉悦。因此,新媒体运营者必须紧跟时代步伐,紧紧抓住消费者的这一心理特点展开运营。

(一)娱乐精神:营造轻松愉快的营销氛围

在新媒体营销的过程中,新媒体从业者必须具备一颗娱乐的心,用创意的思维为用户制造一个轻松愉快的环境。这种娱乐精神不仅体现在活动的策划上,更贯穿于内容的创作和与用户的互动之中。例如,某知名咖啡品牌曾推出过一场名为"咖啡寻宝"的线上互动游戏。该游戏通过模拟寻宝过程,让用户在虚拟世界中寻找隐藏的咖啡优惠券。游戏过程中,用户不仅需要解开各种谜题,还需要分享游戏链接邀请好友一起参与。这种充满趣味性和挑战性的游戏设计,不仅吸引了大量用户的参与,还通过用户的分享和传播,进一步扩大了品牌的影响力。

在内容的创作上,新媒体从业者同样要注重趣味性和娱乐性。他们可以通过幽默诙谐的语言、生动有趣的图片和视频,将品牌信息巧妙融入其中,让用户在轻松愉快的氛围中了解并记住品牌。例如,某时尚品牌曾在其官方微博上发布了一系列以"时尚吐槽大会"为主题的短视频。这些视频通过模仿时下流行的脱口秀节目形式,对时尚界的各种奇葩现象进行幽默吐槽。这种新颖有趣的内容形式,不仅吸引了大量年轻用户的关注,还通过用户的转发和评论,进一步提升了品牌的知名度和美誉度。

(二)制造好玩的事件:引发用户的广泛关注和讨论

在营销内容上,新媒体运营者要避免使用严肃的、乏味的说教形式,而是要制造一些好玩、有趣的事件来吸引用户的注意。这些事件可以是与用户生活密切相关的趣事,也可以是具有话题性和争议性的热点事件。通过巧妙地将品牌信息与这些事件相结合,新媒体运营者能够引发用户的广泛讨论和关注,从而在无形中提升品牌的曝光度和影响力。

以某餐饮品牌为例,该品牌曾在其官方微信公众号上发起了一场名为"最美菜单设计大赛"的活动。活动邀请用户根据自己的喜好和创意,设计一份独一无二的菜单。用户只需将设计好的菜单图片上传至活动页面,并附上简短的设计理念说明,即可参与评选。活动一经推出,便吸引了大量用户的积极参与。用户纷纷发挥自己的想象力和创造力,设计出了一份份既美观又实用的菜单。这些菜单不仅展示了用户的独特审美和创意才华,还巧妙地融入了品牌元素,让用户在参与过程中不知不觉地加深了对品牌的印象。

除了与用户生活密切相关的趣事,新媒体运营者还可以结合社会热点和争议性话题来制造事件。例如,某运动品牌曾在其官方微博上发布了一条关于"运动与健康"的微博话题。该话题结合当时社会上广泛关注的健康问题,提出了"运动是最佳健康投资"的观点。这一观点迅速引发了用户的广泛讨论和关注,许多用户纷纷在微博上分享自己的运动经验和健康心得。通过这一话题的引导,该运动品牌不仅成功吸引了大量用户的关注,还进一步提升了品牌在健康运动领域的专业形象。

(三)参与度:简化流程,降低门槛,激励用户参与

活动的设计要充分考虑用户参与的便捷性。一个成功的活动应该能够让用户轻松地参与进来,而不需要复杂的流程或专门的学习。因此,新媒体运营者在设

计活动时，要注重简化流程、降低门槛，确保用户能够快速地参与到活动中来。同时，还可以通过设置奖励机制、提供互动平台等方式来激励用户参与，提高活动的参与度和效果。

以某电商平台为例，该平台曾在其官方 App 上推出了一场名为"年货大集"的线上促销活动。活动通过模拟传统年货市场的场景，让用户在线上就能体验到购买年货的乐趣。活动页面设计简洁明了，用户只需轻轻一点即可进入商品列表页面。同时，该平台还设置了丰富的奖励机制，如满减优惠、红包雨等，以激励用户积极参与购买。此外，该平台还提供了便捷的互动平台，让用户能够随时随地与其他用户分享自己的购物心得和体验。这种既简单又有趣的活动设计，不仅吸引了大量用户的参与，还通过用户的分享和传播，进一步扩大了活动的影响力和传播范围。

除了简化流程和降低门槛，新媒体运营者还可以通过提供个性化的服务来增强用户的参与感。例如，某音乐平台曾在其官方 App 上推出了一场名为"私人定制歌单"的活动。活动邀请用户根据自己的喜好和心情，选择一系列歌曲组成一份独一无二的私人歌单。平台会根据用户的选择，为其推荐更多符合其口味的歌曲。这种个性化的服务不仅满足了用户的个性化需求，还增强了用户对平台的依赖和忠诚度。

综上所述，娱乐化的新媒体营销策略在新媒体运营中发挥着举足轻重的作用。通过营造轻松愉快的营销氛围、制造好玩的事件以及简化流程、降低门槛等方式，新媒体运营者能够成功吸引用户的关注并提升品牌的知名度和美誉度。

四、裂变式传播思维

裂变式传播，如同其名，它的力量在于"裂变"。这种传播方式不是依靠单一的广告推送，而是依赖于用户之间的口口相传，通过社交媒体、聊天软件等渠道，以惊人的速度扩散开来。在新媒体运营中，掌握并运用好裂变式传播思维，无疑是一把打开成功之门的金钥匙。

（一）情感共鸣：触动心灵，激发分享

情感，是人类共通的语言。在裂变式传播中，情感共鸣是内容得以广泛传播的关键。新媒体运营者在创作时，应深入挖掘那些能够触动人心、引发共鸣的情感元素。这些元素可以是亲情、友情、爱情，也可以是励志、怀旧、幽默等。通过细腻的情感描绘和真实的故事讲述，让用户在阅读或观看的过程中，产生强烈

的情感共鸣，从而激发他们的分享欲望。

例如，一个关于普通人通过不懈努力实现梦想的故事，往往能够激励无数人。新媒体运营者可以将这样的故事以图文、视频或音频等形式呈现出来，让用户在感受主人公坚韧不拔精神的同时，也反思自己的人生道路。这样的内容不仅具有极高的观赏价值，更能够触动用户内心深处的柔软，让他们愿意主动分享给身边的人，形成裂变式传播。

（二）创意独特：与众不同，吸引注意力

在信息爆炸的时代，要想在众多内容中脱颖而出，创意是必不可少的。新媒体运营者应具备敏锐的洞察力和丰富的想象力，从日常生活中汲取灵感，创造出独一无二的内容。这种创意不仅体现在内容的选题上，更体现在呈现方式和细节处理上。

比如，利用 AR 技术打造一场虚拟与现实交织的互动体验，或者通过数据分析揭示出令人惊讶的社会现象，再或者通过独特的视角解读热门事件等。这些具有独特创意的内容，往往能够迅速吸引用户的注意力，让他们产生强烈的好奇心和探究欲。一旦用户被内容吸引，他们就会成为传播链上的一环，将内容分享给更多的人。

（三）社交属性：强化互动，促进传播

社交媒体是裂变式传播的重要载体。新媒体运营者应充分利用社交媒体的互动性和社交性，设计出具有社交属性的内容。这样的内容不仅能够引发用户的讨论和分享，还能够促进用户之间的交流和互动，从而形成更加广泛的传播网络。

例如，可以发起一个话题讨论，邀请用户分享自己的故事或观点；或者举办一场线上竞赛，鼓励用户参与并邀请好友助力；再或者创建一个社群，让用户在其中交流心得、分享经验。通过这些方式，新媒体运营者不仅能够增加用户的参与度和黏性，还能够借助用户的社交关系网，让内容在更广泛的范围内传播开来。

（四）时机把握：紧跟热点，借势而为

时事热点和节日庆典是裂变式传播的绝佳时机。新媒体运营者应时刻关注时事动态和节日安排，及时创作出与热点相关或与节日氛围相符的内容。这样的内容往往能够迅速吸引用户的关注，并借助热点的力量实现快速传播。

例如，在春节期间，可以创作一些关于春节习俗、年夜饭、拜年等内容的图文或视频；在世界杯期间，可以推出足球相关的趣味竞猜、赛事回顾等内容。这

些与热点紧密结合的内容，不仅能够满足用户的需求和期待，还能够借助热点的热度，让内容在更短的时间内传播到更多的地方。

（五）合作联盟：跨界合作，扩大影响

裂变式传播并不局限于单一的平台或渠道。新媒体运营者可以通过与其他平台或品牌进行合作，实现资源的共享和互补，从而扩大内容的影响力。这种合作可以是内容上的共创、活动上的联动，也可以是渠道上的互通。

例如，可以与知名博主、网红或意见领袖进行合作，邀请他们参与内容的创作和推广；或者与其他新媒体平台进行合作，实现内容的跨平台传播；再或者与品牌进行联合营销，共同打造具有裂变式传播潜力的活动或产品。通过这些合作方式，新媒体运营者不仅能够借助合作伙伴的力量，提升内容的质量和影响力，还能够拓宽内容传播的渠道和范围，让内容在更广阔的舞台上绽放光彩。

五、数据思维

在新媒体时代，数据已经成为新媒体运营的重要驱动力。新媒体运营者应具备数据思维，通过收集、分析和利用数据来指导运营决策，实现精准营销和高效运营。数据思维要求新媒体运营者不仅要关注数据的数量，更要关注数据的质量和价值。要能够从海量数据中挖掘出有价值的信息，为内容创作、活动策划和用户体验优化提供有力支持。

（一）数据收集：全面细致，构建画像

数据收集是数据思维的基础。新媒体运营者应通过各种渠道和工具，全面细致地收集用户数据。这些数据包括用户的基本信息、行为数据、兴趣偏好、消费习惯等。通过收集这些数据，可以构建出用户画像，为后续的精准营销和个性化推荐提供依据。

在数据收集过程中，新媒体运营者应注重数据的真实性和准确性。要避免数据的虚假和偏差，确保数据的可靠性和有效性。同时，还要注重数据的时效性，及时更新数据，确保数据的时效性。

（二）数据分析：深入挖掘，发现规律

数据分析是数据思维的核心。新媒体运营者应运用各种数据分析工具和方法，深入挖掘数据背后的规律和趋势。通过数据分析，可以了解用户的需求和偏好，掌握用户的消费行为和决策过程，发现潜在的商业机会和风险点。

在数据分析过程中，新媒体运营者应注重数据的关联性和因果性。要能够发现数据之间的关联关系，揭示出数据背后的因果关系。同时，还要注重数据的可视化呈现，通过图表、报告等形式直观地展示数据分析结果，为决策提供依据。

（三）数据应用：指导决策，优化运营

数据应用是数据思维的最终目的。新媒体运营者应将数据分析结果应用到实际运营中，指导内容创作、活动策划和用户体验优化等决策。通过数据驱动决策，可以实现精准营销和高效运营，提升新媒体平台的竞争力和盈利能力。

在数据应用过程中，新媒体运营者应注重数据的实时性和反馈性。要根据数据的变化及时调整运营策略，确保运营决策的有效性和针对性。同时，还要注重数据的反馈机制，通过用户反馈来验证数据的应用效果，不断优化和调整运营策略。

六、创新思维

在新媒体领域，创新是永恒的主题。新媒体运营者应具备创新思维，不断探索新的内容形式、传播渠道和营销模式，引领新媒体发展的潮流。创新思维要求新媒体运营者不仅要关注眼前的运营效果，更要关注未来的发展趋势和潜在机会。

（一）内容创新：多元融合，打造特色

内容创新是新媒体创新的核心。新媒体运营者应尝试将不同类型的内容进行融合和创新，打造出具有独特风格和特色的内容产品。例如，可以将图文、视频、音频等多种形式进行融合，创造出更加丰富多样的内容体验；或者将不同领域的内容进行跨界融合，拓展内容的外延和内涵。

在内容创新过程中，新媒体运营者应注重内容的原创性和独特性。要避免内容的抄袭和同质化，确保内容的独特性和创新性。同时，还要注重内容的价值和意义，让用户从中获得有用的信息和启发。

（二）传播创新：多渠道布局，协同发力

传播创新是新媒体创新的重要手段。新媒体运营者应积极探索新的传播渠道和方式，实现多渠道布局和协同发力。例如，可以利用社交媒体、短视频平台、直播平台等多种渠道进行内容传播；或者通过合作推广、品牌联动等方式扩大内容的传播范围和影响力。

在传播创新过程中，新媒体运营者应注重渠道的匹配性和互补性。要根据内容的特点和目标受众的喜好选择合适的传播渠道；同时，还要注重不同渠道之间的协同和互补，形成传播合力，提升内容的传播效果。

（三）模式创新：打破常规，重塑格局

模式创新是新媒体创新的最高境界。新媒体运营者应勇于打破常规思维模式和运营方式，重塑新媒体发展的格局。例如，可以尝试构建新的盈利模式，如内容付费、广告分成、电商带货等；或者探索新的用户参与方式，如用户共创、社区自治等。

在模式创新过程中，新媒体运营者应注重风险的可控性和可持续性。要对新的模式进行充分的评估和测试，确保风险的可控性；同时，还要注重模式的可持续性和盈利能力，确保新媒体平台的长期发展和稳定运营。

第三节　新媒体运营的素质要求

一、创新思维与创意能力

（一）创新思维的培养

创新思维是新媒体运营人员必备的核心素质之一。在瞬息万变的新媒体环境下，新媒体运营者只有不断进行创新，才能紧跟用户需求，引领行业发展。培养创新思维需要从多个方面着手，包括拓宽知识面、学习创新方法、掌握创意激发技巧等。

首先，创新思维的形成需要以广博的知识积累作为基础。新媒体运营涉及多个领域，如市场营销、用户心理、互联网技术等。新媒体运营者应主动学习这些相关知识，了解最新理论和实践案例。同时还要关注社会热点、用户动态，捕捉有价值的信息。

其次，掌握科学的创新方法和工具也十分关键。头脑风暴、奔驰法（SCAMPER）、六顶思考帽等都是常用的创新思维方法，可以帮助新媒体运营者突破思维定式，从多角度分析问题。此外，思维导图、概念组合等创意工具也能有效激发灵感，引导思路发散。长期使用这些方法，能够形成敏捷、灵活的创新思维。

再次，创新思维的培养离不开日常的训练和实践。新媒体运营者可以多参与

创意讨论和头脑风暴，学习他人的思路，启发自己的灵感。平时多观察、多思考，从生活中汲取创意元素。尝试将不同领域的知识融会贯通，提出新颖的想法。通过反复实践、总结经验，逐步提升创新能力。

最后，营造开放包容的团队氛围也有助于创新思维的生成。新媒体运营团队应鼓励成员畅所欲言，表达不同观点。对新奇想法要予以尊重和支持，而非轻易否定。管理者应给予团队充分的创新自由，适当容忍失败，让大家敢于尝试、勇于创新。良好的氛围能够最大限度地调动创造力，让创意源源不断地涌现。

（二）创意能力的提升

创意能力是新媒体运营人员必备的核心素质之一。在瞬息万变的新媒体环境下，新媒体运营人员需要不断创新内容形式和传播方式，以吸引用户的注意力，提升内容的传播效果。这就要求新媒体运营人员具备敏锐的洞察力、开阔的思维空间和灵活的创意思维。

首先，培养创意能力需要新媒体运营人员保持对行业动态和用户需求的敏感度。只有深入了解用户的兴趣偏好、行为习惯，把握行业发展趋势，才能创作出契合用户需求、引领行业潮流的优质内容。这就要求新媒体运营人员广泛阅读，积极参与行业交流，通过数据分析等方式深入洞察用户特征，为创意策划提供坚实的基础。

其次，创意能力的提升离不开发散性思维的训练。优秀的创意往往源于跳出固有思维框架，从多元视角审视问题。新媒体运营人员要学会打破常规，从不同领域汲取灵感，通过自由联想、类比等方法探索事物之间的内在联系。同时要注重培养批判性思维，勇于质疑现有观念，在不断否定中寻找创新的突破口。头脑风暴、创意写作等都是行之有效的发散思维训练方式。

再次，创意能力的生成还需要一定的逻辑思辨能力作为支撑。任何创意都不是天马行空的异想天开，而是需要经过缜密的论证和严谨的逻辑推理。这就要求新媒体运营人员在创意过程中秉持理性思维，对创意方案进行可行性分析，优化创意的表达方式，确保创意内容能够清晰、准确地传递给受众。思维导图、逻辑树等工具可以辅助理清创意思路。

最后，创意能力的提升是一个循序渐进、日积月累的过程。它需要新媒体运营人员在实践中不断积累经验，总结反思，在成功和失败中找寻规律和启示。通过开展创意评比、优秀案例分享等活动，营造鼓励创新、宽容失败的氛围，激发团队的创造热情。长期的自我修炼和刻意训练是创意能力提升的必由之路。

二、数据分析与解读能力

（一）数据收集方法

数据收集是新媒体运营中一项至关重要的工作，它为后续的数据分析、用户洞察和运营决策提供了基础。科学、高效的数据收集方法不仅能够提高数据质量，降低数据处理成本，更能够帮助新媒体运营人员及时、准确地把握用户需求和市场动向。

在新媒体运营实践中，常用的数据收集方法主要包括用户调研、网络爬虫、数据应用程序编程接口（API）、第三方数据平台等。用户调研是一种传统但行之有效的数据收集方式，通过问卷、访谈、焦点小组等形式，直接从用户处获取相关信息。这种方法能够深入了解用户的主观感受、意见建议，但样本量较小，代表性有限。网络爬虫则是一种自动化的数据收集工具，通过编写爬虫程序，可以快速、大规模地抓取网页信息。但网络爬虫也面临着技术门槛高、数据冗余等问题。数据 API 由平台方主动提供，新媒体运营者可以通过 API 直接调用平台数据。通过这种方式获取的数据质量高，获取途径便捷，但受平台限制较多。第三方数据平台汇聚了多个数据源，提供一站式的数据服务。使用这类平台能够显著降低数据获取成本，但数据时效性和针对性可能欠佳。

在选择数据收集方法时，新媒体运营者需要根据自身业务特点、数据需求、资源条件等因素进行综合考量。无论采用何种方法，都应注重数据收集的目的性、系统性和时效性。明确数据收集目的，有针对性地设计收集方案，才能避免无效数据的干扰。系统规划数据指标体系，保证数据收集的全面性和一致性。此外，及时更新数据也是保证数据价值的关键。互联网时代，信息瞬息万变，唯有与时俱进地优化数据收集方案，才能紧跟用户步伐，洞察市场先机。

数据固然重要，但过度依赖数据也可能带来负面影响。如"数据独裁""同质化"等问题值得新媒体运营者警惕。单纯依靠数据做决策，容易忽视人性化因素，缺乏创新活力。盲目跟随数据趋势，也可能导致内容和服务的同质化，难以形成差异化竞争力。因此，在重视数据收集的同时，新媒体运营者更应培养数据思维，在海量数据中发现有价值的信息，结合人的智慧和经验形成创新性的运营方案。

（二）数据分析工具

数据分析工具是新媒体运营中不可或缺的利器。随着大数据时代的到来，海量的用户行为数据、内容数据不断积累，如何有效地收集、处理和分析这些数据，成为新媒体运营面临的重大挑战。数据分析工具应运而生，为新媒体运营提供了强大的技术支撑。

从功能上看，数据分析工具主要包括数据收集、数据清洗、数据存储、数据挖掘和数据可视化等模块。其中，数据收集是整个分析过程的基础，常用的方法有日志分析、网页抓取、API调用等。通过这些方式，可以自动、高效地获取用户在新媒体平台上的各种行为数据，如浏览、点赞、转发、评论等。数据清洗则是对收集到的原始数据进行预处理，剔除噪声数据，统一数据格式，为后续分析奠定基础。清洗后的数据通常会存储在数据仓库或数据库中，以便快速检索和调用。

在数据挖掘阶段，数据分析工具发挥着关键作用。常用的数据挖掘算法包括聚类、关联规则、决策树等，通过这些算法，可以发现数据中隐藏的模式和规律，如用户的兴趣偏好、行为习惯、社交网络结构等。这些洞察可以帮助新媒体运营者更精准地把握用户需求，优化内容生产和传播策略。例如，通过聚类算法识别出不同的用户群体，有针对性地推送个性化内容；通过关联规则分析不同话题、标签之间的关联，把握热点趋势；决策树可以帮助我们对社交网络中的节点和关系进行分类与预测，通过将社交网络分析和决策树算法相结合，可以识别意见领袖和传播路径，从而优化信息扩散效果。

数据可视化则是数据分析结果的直观呈现。通过图表、地图、网络等可视化方式，可以将复杂的数据转化为易于理解和决策的视觉形式。优秀的可视化设计不仅能增强数据的表现力，而且能引导受众快速洞察关键信息，激发受众探索与互动的兴趣。在新媒体运营中，数据可视化可广泛应用于各类报告、数据新闻、信息图表等场景，成为吸引受众、传播见解的有力工具。

主流的数据分析工具，如谷歌分析（Google Analytics）、百度统计、阿里云Quick BI等，集数据收集、存储、分析、可视化于一体，能够满足大多数新媒体平台的分析需求。但面对不断变化的媒体形态和海量增长的数据规模，数据分析工具也在不断升级迭代。人工智能技术的发展为数据分析工具注入了新的活力，机器学习、深度学习算法能够从海量复杂数据中自动提取特征、优化模型，极大提升了分析效率和精度。此外，云计算、并行计算技术使TB、PB级别的大数据处理成为可能，而交互式分析、实时计算则让数据洞察时效性大大提高。

新媒体运营要真正释放数据价值，还需要将数据分析与运营实践深度融合。一方面，新媒体运营者要提高数据思维和数据技能，学会运用数据分析工具，将数据洞察落实到内容生产、用户运营、活动策划等环节。另一方面，数据分析不能脱离运营实践，要以解决实际问题为导向，与业务场景紧密结合，才能真正为决策提供有价值的参考。数据分析工具是连接数据和决策的桥梁，新媒体运营者要学会驾驭这一利器，在海量数据中掘金，以精细化、个性化的运营提升用户体验，实现商业价值。

（三）数据解读技巧

数据解读技巧是新媒体运营从业者必备的关键能力之一。随着大数据时代的到来，海量的用户行为数据和平台运营数据不断涌现。面对纷繁复杂的数据，如何快速提炼有价值的信息，洞察用户需求，优化运营策略，已经成为新媒体运营的重要课题。掌握科学、高效的数据解读技巧，不仅能够提升新媒体运营的专业水平，更能为内容生产、活动策划、精准营销等环节提供数据支撑和决策依据。

首先，数据解读需要立足于运营目标和业务场景。不同的新媒体平台和运营需求，对数据的关注点和应用方式也有所不同。比如，对于内容型平台，阅读量、点赞量、评论数等指标尤为重要，新媒体运营者需要通过数据分析，把握用户的内容偏好，优化内容生产策略。而对于电商平台，则需要重点关注转化率、客单价、复购率等销售相关指标，通过数据解读优化商品运营和营销策略。因此，在进行数据解读前，新媒体运营者要明确自身的业务特点和运营目标，有针对性地选取和分析数据。

其次，建立科学的数据分析框架和模型是高效解读数据的关键。面对海量、多维度的运营数据，如果缺乏系统的分析方法和工具，很容易陷入数据的汪洋大海而无所适从。因此，新媒体运营者需要根据业务特点，构建起完整的数据分析体系。比如，可以运用AARRR模型（Acquisition获取、Activation激活、Retention留存、Revenue变现、Refer传播）分析用户全生命周期数据，识别每个环节的关键指标和优化点；又如，可以通过RFM模型（Recency最近一次消费、Frequency消费频率、Monetary消费金额）进行用户价值度分析，实现精准营销和差异化运营。

最后，数据可视化是提升数据解读效率和准确性的重要手段。一方面，通过折线图等可视化方式呈现数据，能够直观地展现数据特征，发现趋势和异常，大大提高洞察效率。另一方面，数据可视化还能消除数据分析过程中的主观性，用客观数据说话，为决策提供可靠依据。新媒体运营者可以借助Tableau、Power

BI 等专业的数据可视化工具，也可以使用 Excel、Python 等基础工具，对数据进行多维度、动态化的呈现。同时，在可视化过程中，还要注重信息的美感和呈现方式，提高数据解读的感染力和说服力。

三、沟通与协作能力

（一）沟通技巧

沟通是新媒体运营工作中的重中之重，高效的沟通能够促进团队协作，提升工作效率，实现预期目标。作为新媒体运营人员，掌握沟通技巧至关重要。

首先，新媒体运营需要与多方利益相关者进行沟通，包括上级领导、同事、合作伙伴、用户等。面对不同的沟通对象，新媒体运营人员应该采取有针对性的沟通策略。与上级领导沟通时，要尊重对方，表达清晰、简洁，突出重点；与同事沟通时，要平等友好，多倾听对方意见，争取达成共识；与合作伙伴沟通时，要诚信守约、平等互利，建立长期友好关系；与用户沟通时，要真诚亲切，耐心解答疑问，用心满足需求。只有根据不同对象调整沟通方式，才能达到事半功倍的效果。

其次，有效的沟通离不开良好的表达能力。作为新媒体运营人员，无论是书面表达还是口头表达，都应该做到思路清晰、重点突出、言之有物。在日常工作中，新媒体运营人员经常需要撰写推送文案、活动方案、数据分析报告等，这就要求其具备扎实的写作功底和信息梳理能力。同时，新媒体运营人员还需要通过会议、电话等方式与他人进行口头交流，这就要求其能够清晰地表述自己的观点，有条理地陈述事实和数据，有说服力地提出建议和方案。无论是书面表达还是口头表达，都应该力求准确、简洁、生动，避免冗长累赘、模棱两可的表述。

再次，积极倾听是高效沟通的基础。很多人在沟通时只注重表达自己的观点，而忽视了倾听对方的声音。事实上，倾听比表达更加重要。只有认真倾听对方的想法，才能真正理解对方的需求，找到问题的关键所在。积极倾听不仅能够帮助我们获取有价值的信息，还能够传递尊重和理解之意，促进彼此信任。在沟通过程中，新媒体运营人员应该保持开放和专注的心态，鼓励对方畅所欲言，适时给予回应和反馈。哪怕对方的观点存在偏差，也要耐心听完，而不是急于反驳或打断。唯有如此，才能平等、顺畅地交流。

最后，化解分歧是沟通过程中不可回避的问题。再成熟的团队，再亲密的伙伴，也难免产生误会和矛盾。关键是要学会化解分歧，达成一致。面对分歧，新媒体运营人员要保持冷静和理性，主动沟通，倾听对方诉求，而不是回避问题或固执己见。要客观分析分歧产生的原因，找出双方的共同利益，寻求最大公约数。要善于妥协和让步，在原则问题上坚定立场，在非原则问题上适度退让。要以开放、灵活的心态看待分歧，把分歧化为相互理解和成长的契机。只要携手努力，用智慧化解矛盾，定能达成共识，形成合力。

（二）团队协作方法

新媒体运营团队的高效协作是项目成功的关键。在新媒体时代，运营工作涉及内容创意、视觉设计、数据分析、技术开发等多个领域，任何一个环节都不可或缺。因此，打造一支跨部门、跨专业的协作团队，建立顺畅的沟通机制和工作流程，已成为新媒体运营的核心要务之一。

从组织架构来看，新媒体运营团队通常采取扁平化管理模式。与传统的金字塔式管理不同，扁平化组织强调团队成员之间的平等互动，鼓励每个人积极参与决策讨论，畅所欲言。这种模式能够有效激发成员的创造力和主人翁意识，调动团队的积极性和凝聚力。同时，扁平化管理也对团队负责人提出了更高要求，他们不仅要具备专业素养和管理能力，更要善于倾听、协调、激励，营造民主、包容的团队氛围。

从协作方式来看，新媒体运营团队推崇敏捷开发理念。不同于传统的"瀑布式"工作方式，敏捷开发强调快速迭代、持续改进。团队成员通过每日例会、"短平快"的冲刺周期等方式，及时沟通工作进度和遇到的问题，灵活调整方案和分工。这种方式能够帮助团队快速响应市场变化，降低决策风险，不断打磨产品质量。当然，敏捷开发对团队成员的自我驱动力和执行力也提出了更高要求。

从协作工具来看，新媒体运营团队依托云计算、大数据等新技术，搭建了高效、便捷的协同平台。如在线文档、即时通信、项目管理系统等工具的运用，打破了时空界限，极大地提升了团队的信息共享和协同效率。团队成员可以随时随地发起讨论、分享想法、跟进进度，整个工作流程清晰可视、有章可循。当然，工具只是手段，如何根据团队特点和项目需求优化工具使用策略，还需要在实践中不断摸索。

四、危机识别与应对能力

（一）危机识别

首先，新媒体运营人员要全面收集与企业相关的信息。新媒体运营人员需要建立系统的监测机制，关注企业所在行业动态、竞争对手动向、相关政策法规等外部环境信息，以及企业内部的生产经营状况、员工舆情等内部信息。只有全面掌握第一手资料，才能在第一时间发现潜在的隐患。

其次，新媒体运营人员需要提高对收集到的信息进行分析判断的能力。要学会从海量信息中快速提取关键信息，通过逻辑推理、类比分析等方法判断其可能对企业造成的影响。特别是对于一些重大敏感事件，新媒体运营人员要能迅速研判事态走向，评估危机等级，为后续的处置提供决策依据。这要求他们不仅要有扎实的专业知识基础，更要具备敏锐的洞察力和分析能力。

最后，新媒体运营人员在危机识别中要时刻保持警惕，防微杜渐。有些危机初期往往表现得并不明显，容易被忽视。但如果任其发展，往往会酿成大祸。比如一些网络谣言，初期可能只是小范围流传，但如果处置不当，很可能演变成严重的公关危机，给企业形象和声誉带来难以挽回的损失。因此，新媒体运营人员要对各种风险因素保持高度敏感，做到早发现、早预警、早处置。

危机识别能力的提升离不开日常的训练和实践。企业可以通过开展应急演练、案例分析等方式，锻炼新媒体运营人员的危机预判和处置能力。同时，还要建立健全的危机预警机制，明确信息收集、研判、报告的流程和责任，确保一旦发现潜在危机，能够快速反应、有序应对。

当前，随着新媒体技术的飞速发展，企业面临的舆论环境日益复杂。一些自媒体、网络"大V"的言论可能在短时间内引发轩然大波，给企业带来巨大冲击。这对新媒体运营人员的危机识别能力提出了更高要求。他们必须紧跟时代步伐，掌握最新的技术手段和传播规律，不断增强危机预判和处置的能力，才能为企业的健康发展保驾护航。

（二）应对策略

危机处理是新媒体运营中不可或缺的一项关键能力。在瞬息万变的网络环境中，负面事件和舆情危机随时可能发生。如何及时识别潜在风险，并采取恰当的应对策略，已经成为每一位新媒体运营人员必须掌握的基本功。

首先，危机识别是危机处理的前提和基础。新媒体运营者需要对所在领域和运营平台有深入的了解，时刻保持敏锐的洞察力，及时发现苗头性的负面信息。这就要求新媒体运营者不仅要关注主流媒体和官方渠道，更要深入各种社交平台、论坛、贴吧等，倾听用户的真实声音。只有全面收集信息，综合分析数据，才能准确判断哪些负面信息有可能演变为危机事件，从而在第一时间采取应对措施。

其次，制订科学的应对方案是化解危机的关键。面对潜在的危机事件，新媒体运营者既不能掉以轻心，也不能慌乱失措。而是要冷静分析事件的性质、原因、影响范围等，在此基础上制订切实可行的应对方案。应对方案需要做到快速反应、主动发声、统一口径、联动各方。同时，还要注重与受众的互动沟通，通过真诚、透明的态度，消除误解、化解矛盾、重建信任。此外，新媒体运营者还要善于利用数据分析工具，实时监测事件的发展态势，动态调整应对策略，直至危机彻底解除。

再次，吸取教训、优化机制是防范危机的有效途径。每一次危机事件的处理都是对新媒体运营团队的一次大考，也是宝贵的学习机会。事后，新媒体运营者要认真总结经验教训，反思自身在内容生产、信息监测、舆情研判等方面存在的不足，并据此完善内部管理制度，健全危机预警和快速响应机制。同时，还要加强对团队成员的培训，提高其舆情应对能力，做到临危不乱、有备无患。只有不断提升组织的危机管理水平，才能从根本上降低危机事件发生的概率。

最后，构建良性的舆论生态是化解危机的根本之策。从长远来看，新媒体运营者要致力于营造一个理性、友善、包容的网络空间。这就需要新媒体运营者在日常工作中坚持正面引导，弘扬主旋律，传播积极向上的价值观。对于那些恶意中伤、谣言诽谤等有害信息，要旗帜鲜明地予以抵制和揭露。只有不断净化网络环境，提升网民的媒介素养，才能从源头上减少危机事件的发生。

五、技术工具的应用能力

（一）常用技术工具介绍

新媒体运营工作的开展离不开各类技术工具的应用。针对不同的运营任务和需求，新媒体运营人员需要灵活选用合适的技术工具，以提高工作效率和质量。目前，常用的新媒体运营工具主要包括内容创作工具、数据分析工具、社交媒体管理工具、多媒体制作工具等几大类。

内容创作工具是新媒体运营的基础。新媒体运营人员需要借助文字编辑软件、在线写作平台等工具，高效地完成文案撰写、排版、校对等工作。例如，微软文档（Microsoft Word）等文字处理软件，不仅具备基本的文字编辑、格式设置功能，还提供了强大的协同编辑、云端存储等服务，大大提升了团队协作效率。此外，一些在线写作平台如简书、公众号编辑器等，集成了丰富的内容排版、发布功能，帮助新媒体运营人员快速生产和发布优质内容。

数据分析工具是新媒体运营决策的重要依据。通过网站分析、社交媒体监测等工具，新媒体运营人员可以实时掌握用户行为、内容传播效果等关键数据，进而优化运营策略。例如，Google Analytics 作为久负盛名的网站分析工具，能够详尽记录网站流量来源、用户访问路径、页面停留时间等维度的数据，为新媒体运营团队提供翔实的决策参考。此外，一些社交媒体监测工具如新榜、微博指数等，可以帮助新媒体运营人员快速发现热点话题，把握舆情动向，提升内容策划的时效性和精准度。

社交媒体管理工具可以显著提升运营效率。面对日益碎片化、多元化的社交媒体平台，统一高效的管理和调度工具不可或缺。例如，HootSuite、Buffer 等一站式社交媒体管理平台，支持多个账号的统一管理、跨平台内容发布、评论互动等功能，大大简化了日常运营工作流程。一些垂直细分领域的管理工具，如微博管家、邮件营销系统等，则进一步提供了私信群发、用户标签管理等专业化功能，满足不同场景下的精细化运营需求。

多媒体制作工具可以极大地丰富内容的形式。在图文时代，精美的视觉设计和感性的视听体验日益成为吸引用户的利器。因此，新媒体运营人员需要熟练使用图像编辑、视频剪辑等多媒体制作工具，提升内容的生动性和感染力。例如，Adobe Photoshop、Illustrator 等专业平面设计软件，具备强大的图像处理、创意设计功能，是打造高质量视觉内容的必备工具。一些在线设计平台如创客贴等，则以简单易用、模板丰富等特点，帮助设计能力有限的新媒体运营人员快速制作出美观的图片。此外，面对日益兴起的短视频浪潮，剪映、快手创作服务平台等视频剪辑工具也不可或缺，它们提供了视频拼接、特效添加、配乐字幕等一系列便捷功能，让新媒体运营人员无须具备特殊的专业技能，也能轻松上手创作短视频。

（二）技术工具的使用技巧

技术工具的应用能力是新媒体运营人员一项不可或缺的专业素质。随着互联网技术的飞速发展，各类新媒体平台不断涌现，运营工具也日新月异。新媒体运营人员只有熟练运用这些技术工具，才能在激烈的竞争中立于不败之地。

首先，微信公众号常用的内容编辑工具如 135 编辑器、秀米等，是提高内容生产效率的利器。这些工具集成了丰富的模板、素材库和特效功能，使得即便是没有专业设计背景的新媒体运营人员，也能快速制作出美观、大气的图文和视频等多媒体内容。借助可视化编辑功能，新媒体运营人员能直观地进行版面布局、色彩搭配，大大降低了内容创作的门槛。同时，云端协作、实时保存等功能让团队协作变得更加高效便捷。

其次，数据分析工具如百度指数、新榜、清博大数据等，是新媒体运营决策的重要依据。通过这些工具，新媒体运营人员可以实时监测关键词搜索趋势，洞察用户兴趣和需求；跟踪竞争对手和行业动态，及时调整运营策略；评估内容传播效果，优化投放渠道和时段。大数据技术让运营决策从"靠感觉"转向"凭数据"，极大地提升了决策的科学性和精准度。新媒体运营人员需要熟练使用这些工具，挖掘数据背后的价值，用数据驱动内容生产和传播。

最后，社交媒体管理工具如 HootSuite、SocialBee 等，让多平台账号运营变得简单高效。通过这些工具，新媒体运营人员可以在一个统一的界面管理多个社交媒体账号，批量发布、定时发布内容，实现跨平台的内容同步。智能化的内容推荐算法可以根据用户画像、互动数据等，为不同平台、不同用户群体匹配最优内容，实现精准触达。社交媒体管理工具让新媒体运营人员从烦琐的手工操作中解放出来，将更多精力投入内容创作和社交互动中。

第四节　新媒体运营的发展趋势

随着互联网技术的不断发展和用户需求的日益多样化，新媒体运营正逐步成为新闻传播业的核心驱动力。本节将重点探讨新媒体运营在运营层面的发展趋势，以期为相关从业者提供有价值的参考与启示。

一、数据驱动的精细化运营

未来，新媒体运营将更加注重数据驱动的精细化运营。通过大数据分析，新媒体运营者能够深入了解用户的行为习惯、兴趣偏好及消费能力，从而制订更加精准的营销策略。例如，利用用户画像技术，新媒体平台可以为不同用户群体推送个性化的内容和服务，提高用户满意度和参与度。同时，数据分析还能够帮助新媒体运营者优化内容创作、调整发布时间、提升互动效果，实现运营效率的最大化。

二、内容创新与差异化运营

在内容为王的时代，新媒体运营者必须注重内容的创新与差异化。新媒体运营者需要紧跟时事热点，结合用户需求，创作出具有独特视角和深度价值的内容。

同时，通过多元化的内容形式（如图文、视频、直播等）和生动的叙述方式，提升内容的吸引力和感染力。此外，新媒体运营者还应积极探索跨界合作，与其他领域的内容创作者或品牌进行联合，共同打造具有影响力的内容产品，实现差异化运营。

三、用户参与社群化运营

社群化运营将成为新媒体运营的重要趋势。新媒体运营者需要积极构建用户社群，通过社群运营、内容共创、活动组织等方式，增强用户的归属感和忠诚度。例如，可以设置专属的社群规则、举办线上线下的活动、提供会员专属福利等，激发用户的参与热情。同时，新媒体运营者还应注重与用户的互动，及时回应用户的需求，建立良好的用户关系。

四、技术融合与智能化运营

随着人工智能、区块链、VR/AR 等技术的不断发展，新媒体运营将实现更加智能化、高效化的运营。例如，利用人工智能技术实现新闻稿件的自动编写、智能审核和个性化推荐，利用区块链技术提高内容的安全性和可信度，利用 VR/AR 技术为用户提供沉浸式的阅读体验等。这些技术的应用将极大地提升新媒体运营的效率和质量，为用户带来更加便捷、丰富的服务体验。

五、跨界融合与产业协同运营

新媒体运营将更加注重跨界融合与产业协同运营。通过与电商、教育、医疗等领域的结合，新媒体平台可以为用户提供更加全面、便捷的服务体验。例如，可以与电商平台合作推出商品推荐、在线购物等功能；可以与教育机构合作提供在线教育、知识付费等服务；可以与医疗机构合作推出健康咨询、在线问诊等服务。这种跨界融合与产业协同运营的模式将有助于拓展新媒体运营的边界和领域，实现共赢。

第三章　新媒体运营平台

本章详细剖析了不同类型的新媒体平台及其运营方法：从网络传媒类新媒体平台——微博的热点追踪与粉丝互动，到社交类新媒体平台——微信的公众号运营与社群建设；从短视频类新媒体平台——抖音的创意制作与流量变现，到电商类新媒体平台——小红书的意见领袖（KOL）合作与"种草"营销；再到网络直播类新媒体平台的实时互动与带货技巧。通过对各平台基本功能与特征的深入分析，使新媒体运营者掌握相应的运营策略与方法，能够更好地开展内容创作与营销推广，提升品牌曝光度和用户黏性，从而实现商业价值的最大化。

第一节　网络传媒类新媒体平台——以微博为例

微博，全称微型博客，是一种基于用户关系进行信息分享、传播和获取的社交网络平台。它允许用户通过文字、图片、视频等多种形式发布内容，并通过关注机制形成信息传播网络。自 2009 年新浪微博内测版推出以来，微博迅速成为我国使用人数最多、知名度最高的网络传媒类新媒体平台之一。

一、微博平台的基本功能与特征

（一）微博平台的基本功能——信息发布

微博作为当今最具影响力的新媒体平台之一，其强大的信息发布功能为用户提供了高效、便捷的内容分享渠道。通过微博，每一个普通用户都可以成为信息的发布者和传播者，在虚拟空间中表达自我、分享生活、传递观点。这种去中心化的信息发布模式极大地改变了传统的信息传播格局，为大众参与社会议题讨论、表达公共利益诉求提供了前所未有的平台。

从技术层面来看，微博为用户提供了多样化的信息发布工具和渠道。用户可以通过文字、图片、视频等多媒体形式发布微博内容,并通过话题、@功能、转发等方式扩大信息的传播范围。这些功能的设计符合用户碎片化阅读和快速传播信息的需求,使得微博成为当代人获取资讯、表达观点的重要阵地。同时,微博还提供了实时热点、话题榜等功能,帮助用户快速了解社会热点,参与时事讨论。这些功能的存在,进一步凸显了微博在信息发布和舆论引导方面的重要作用。

从社会影响来看,微博的信息发布功能已经成为推动社会进步、促进公民参与的重要力量。在重大社会事件中,微博常常成为民众表达诉求的第一平台。许多社会问题都是首先通过微博被曝光和讨论,然后引起社会各界的广泛关注,并最终推动问题的解决。这充分说明,微博的信息发布功能已经深刻影响着社会生活的方方面面,成为现代社会不可或缺的一部分。

当然,微博信息发布功能的影响力也带来了一些负面效应,如谣言传播、信息茧房等问题。这些问题的存在对微博的健康发展造成了一定的威胁。因此,微博需要在提供便捷信息发布服务的同时,加强内容监管和用户教育,引导用户理性表达、文明互动,共同营造清朗的网络空间。

(二)微博平台的特征

1. 社交互动特征

社交互动特征是微博区别于传统媒体的显著优势,它促进了用户之间的交流,丰富了信息传播的形式和内容。在微博上,用户不再是被动的信息接收者,而是主动参与信息生产和传播的主体。这种社交化的传播模式极大地改变了信息流动的方向和速度,使得微博成为一个充满活力和创造力的交流空间。

微博为用户提供了多样化的互动功能,如回复、评论、转发等。同时,用户还可以通过@功能直接与其他用户进行对话,表达自己的观点与看法。这种点对点的互动模式,拉近了用户之间的距离,促进了彼此间的交流与理解。而评论功能则为用户提供了更加开放、自由的讨论空间。在评论区中,不同观点的碰撞与交锋,常常能激发出思想的火花,推动话题的深入发展。此外,转发功能使得信息能够在用户之间快速传递。一条有价值的微博,经过多次转发,其影响力和传播范围将被成倍放大。正是依托于这些互动功能,微博上形成了错综复杂的社交网络结构,用户在其中扮演着多重角色,既是内容的创造者,也是信息的传播者和接收者。

微博独特的社交属性还催生了许多新颖的传播现象和互动方式,如话题讨论、微博投票等。通过话题功能，用户可以围绕特定主题展开讨论，汇聚不同视角，形成集体智慧。微博上的热门话题往往代表了网民关注的焦点，折射出社会舆论的走向。而微博投票作为一种轻量级的民意调查工具，为用户表达意见、参与决策提供了便捷渠道。信息技术与社交互动的深度融合，让微博成了连接人与人、人与社会的重要纽带。

微博社交化的本质还体现在其对用户关系的重塑上。在微博世界里，用户可以突破时空限制，自由选择交往对象，构建起个性化的关系网络。这种基于兴趣、话题、观点等而形成的虚拟社群，往往能够产生强大的凝聚力和归属感。群体认同感的建立，进一步促进了用户互动的频率和深度。与此同时，微博也改变了社会信息的分配结构，赋予了普通民众发声的权利。"草根大V"的崛起，正是微博平民化、去中心化特点的体现。在微博的舞台上，每一个用户都有机会成为KOL，引领话题风向。

2.实时性与广泛性

微博作为一种新型的社交媒体平台，其实时性和广泛性特征为信息传播和互动交流带来了革命性变革。与传统媒体相比，微博最突出的优势在于其即时传播的特征。用户可以随时随地通过手机等移动终端发布信息，分享自己的见闻和感受，而这些信息又能在极短的时间内传递给成千上万的其他用户。这种实时性使得微博成为快速获取和传播信息的重要渠道，尤其在突发事件报道、舆论引导等方面发挥着不可替代的作用。

微博的广泛性则体现在其庞大的用户基础和多样化的信息内容上。根据微博股份有限公司2024年11月19日公布的第三季度的未经审计财务业绩，2024年9月份，微博月活跃用户达到5.87亿，平均日活跃用户达到2.57亿。这意味着，任何一条微博信息都有可能在短时间内触达数以亿计的受众，产生巨大的社会影响力。同时，微博上的信息涵盖了新闻时事、个人生活、情感交流、知识分享等多个领域，满足了用户多层次、多方面的需求。正是凭借这种广泛性，微博逐渐成为人们了解社会动态、把握舆论走向的重要窗口。

实时性和广泛性的结合，使微博在社会生活中发挥着独特的作用。一方面，微博为普通民众提供了表达诉求、参与讨论的平台，加强了社会成员间的交流互动，提升了公众参与社会治理的积极性。通过微博，人们可以更加便捷地对社会热点问题发表看法，推动公共议题的讨论和决策，促进了社会的民主化进程。另一方面，微博也为政府部门和公共机构提供了直接面对群众、回应社会关切的渠道。越来越多的政府官员、企业高管开通了微博账号，通过与网民互动交流，及时解答疑虑，化解矛盾，提升了政府和企业的公信力和美誉度。

二、微博平台运营分析

（一）微博用户行为分析

1.用户活跃度

微博用户活跃度是衡量微博平台运营效果的关键指标之一。通过分析用户的活跃情况，我们可以深入洞察用户行为特点，了解平台的吸引力和黏性，进而优化运营策略，提升用户体验。

用户活跃度通常可以从访问频率、在线时长、互动参与等维度来考察。访问频率反映了用户对微博的依赖程度和使用习惯。频繁访问微博的用户往往对平台有较强的黏性，利用碎片化时间获取信息、分享动态已然成为他们的一种生活方式。而那些访问频率较低的用户，可能对微博的兴趣不够浓厚，或者尚未养成稳定的使用习惯，需要平台采取针对性措施加以引导和激励。

在线时长是评估用户活跃度的另一项重要指标。用户在微博上停留的时间越长，就意味着平台对其有着更强的吸引力和持久的影响力。通过分析不同时段用户在线时长的分布情况，新媒体运营者可以把握用户的作息规律和闲暇时间，有针对性地推送内容，实现精准触达。同时，对于在线时长较短的用户群体，则需要研究其背后的原因：是内容吸引力不够？还是体验不够流畅？唯有找准症结，才能对症下药，留住用户。

互动参与是评判用户活跃度的直接体现。转发、评论、点赞等互动行为不仅表明用户对内容的兴趣和认可，也折射出用户与平台、用户与用户之间的连接纽带。活跃用户往往乐于表达自我，积极参与话题讨论，他们通过高频互动形成紧密的社交网络，成为微博生态的中流砥柱。而互动频率较低的沉默用户，则可能处于比较边缘的位置，他们更多扮演着旁观者和聆听者的角色，平台要想点燃这部分用户的热情，还需要更多有温度和有价值的内容。

当然，用户活跃度并非静态不变的，它与用户的生命周期阶段、兴趣爱好、社交需求等因素息息相关。微博要给予用户成长的空间，满足其不断升级的使用需求。对于新用户，平台要做好引导和培育，帮助其快速熟悉和上手；对于成长期用户，平台要丰富内容形式，增强互动黏性；对于成熟期用户，平台要持续深挖需求，创新玩法，延长其生命周期；对于流失风险用户，平台要建立预警机制，采取挽留策略，唤回他们的热情。

2. 用户兴趣偏好

微博用户的兴趣偏好是深入理解用户行为特点、制订精准营销策略的重要依据。通过对海量微博数据的挖掘和分析，我们可以发现用户在话题选择、内容互动、意见表达等方面呈现出鲜明的个性化特征。这些特征折射出用户的价值取向、生活方式和消费心理，为企业实施精准营销提供了重要参考。

用户对话题的选择能够反映其兴趣所在和关注重点。一些用户喜欢关注时事热点，积极参与社会议题的讨论；一些用户则偏爱娱乐八卦，热衷于追踪名人动态；还有一些用户专注于个人生活和情感交流，乐于分享日常点滴。通过对用户话题偏好的分析，我们能够把握其需求特点，有针对性地设计内容和投放广告，提升营销效果。

用户在微博上的互动行为也蕴含着丰富的兴趣偏好信息。积极转发、评论、点赞他人内容的用户，通常具有较强的社交属性和分享意愿，喜欢浏览有趣、有料的资讯和广告。而"潜水"用户虽然很少主动互动，但往往有明确的阅读倾向，对特定主题的内容有较高的忠诚度。厘清不同互动行为背后的用户心理，能够帮助平台优化内容策略，提高用户黏性。

用户兴趣偏好的背后，是人们生活方式和社交行为的缩影。它伴随着社会文化环境、信息技术生态的变迁而不断演进。捕捉用户兴趣偏好的动态变化，关注细分人群的差异化特征，是平台实现精细化运营、构建用户洞察体系的关键所在。只有在大数据分析的基础上，与用户保持持续互动和同步成长，才能准确把握其需求脉搏，为其提供契合需要的产品和服务。

3. 用户互动模式

微博用户互动模式的多样性和丰富性是其独特魅力所在。与传统的信息传播方式不同，微博为用户提供了更为便捷、灵活的互动渠道，满足了用户表达观点、交流感受、分享信息的需求。在微博上，用户可以通过转发、评论、点赞等方式与他人建立联系，形成了一个高度互联的社交网络。

从互动的内容来看，微博用户的互动涵盖了广泛的话题和领域。用户可以就时事热点、个人生活、情感体验等方面展开讨论，表达自己的见解和态度。这种多元化的互动内容不仅丰富了微博的信息生态，也为用户提供了全方位展示自我、结交志同道合者的机会。多样的互动话题激发了用户的参与热情，增强了微博平台的黏性。

从互动的形式来看，微博用户的互动方式也呈现出多样化特点。除了基本的转发、评论、点赞功能，微博还支持用户发起投票、上传图片和视频等形式，为互动体验增添了丰富的表现力。用户可以根据自身需求和偏好，选择合适的互动方式参与讨论。灵活多样的互动形式为用户带来了更具吸引力和参与感的社交体验。

（二）微博数据分析与效果评估

1. 数据收集方法

微博数据收集方法的选择对于新媒体运营效果评估至关重要。科学、系统的数据收集能够为运营策略优化提供可靠依据，助力企业实现精准营销和品牌推广的目标。常用的微博数据收集方法包括 API 接口调用、网页爬虫、第三方数据服务等。

API 接口调用是官方提供的数据获取渠道，具有数据权威、结构规范等优势。通过 Auth 认证获得访问令牌后，可根据接口文档设计 HTTP 请求，批量获取用户信息、微博内容、互动数据等。但 API 调用受频率、数量限制，且部分数据需要付费购买，使用成本较高。

网页爬虫则通过模拟用户浏览行为，直接从网页源代码中解析和提取数据。这种方法灵活性强，可自定义抓取目标和频率，且无须额外付费。但爬虫容易受到反爬措施的限制，数据获取稳定性和可靠性较差。同时，爬虫开发对技术要求较高，需精通 Python、正则表达式等。

第三方数据服务是近年来兴起的数据获取途径。相关企业利用自身数据积累和技术优势，提供覆盖全面、结构化程度高的微博数据。用户可以根据业务需求，灵活选择数据维度、时间粒度和样本量。第三方平台专业性强，但相应的使用成本也较高。

2. 关键指标分析

深入分析微博的关键指标对于评估新媒体运营效果、优化传播策略至关重要。在海量的用户行为数据中，我们需要甄别出最能反映平台影响力和用户参与度的核心指标，为运营决策提供可靠依据。

关注量是衡量微博账号受欢迎程度的基础指标。通过持续输出优质内容，与用户保持良性互动，账号的关注人数将不断增长。关注量的提升意味着信息触达范围的扩大，为后续的商业变现奠定了基础。但关注量并非越多越好，盲目追求数量而忽视质量，容易引来僵尸粉、违规刷粉等问题，损害账号形象。因此，微博账号运营者需要关注用户的结构，吸引真正感兴趣、有互动意愿的目标受众。

互动量体现了内容的传播效果和用户参与热情。转发、评论、点赞等互动行为能够进一步扩散内容，引发二次传播。互动量越高，说明内容越能引起用户共鸣，话题讨论越活跃。微博账号运营者应有针对性地创作能够触发互动的内容，如悬念式标题、具有情感煽动性的故事、参与感强的互动话题等。同时鼓励用户转发与评论，积极回应留言，营造良好的互动氛围。但过于炒作博眼球、易引起争议的内容，虽然能刺激互动量暴涨，却可能带来负面口碑。

阅读量反映了内容的实际覆盖人群。优质内容吸引用户驻足阅读、深度消费，高阅读量意味着内容的影响力和传播深度。平台通过阅读时长、完整度等维度综合计算阅读量，淘汰粗制滥造的低质内容。专业垂直领域的深度内容虽然阅读量不如娱乐八卦，但更能积累高价值用户。因此微博账号运营者需要权衡阅读量与内容质量，避免过度迎合算法分发内容，要以优质内容吸引精准用户。

转化量是内容价值变现的直接体现。导流电商平台的带货量、引导用户关注公众号、下载App的转化量，都属于运营目标转化。这需要微博账号运营者有意识地设置恰当的转化路径，如商品橱窗、文章结尾处的二维码等。转化量的高低取决于内容与目标人群的契合度以及行动号召设置的合理性。转化不能操之过急，要先用优质内容建立信任，再适时引导用户完成目标行为。

3. 效果评估标准

在新媒体运营实践中，效果评估至关重要，它决定着运营策略的成败，也关乎品牌形象和营销投入的回报。效果评估的意义不仅在于量化运营成果，更在于通过数据分析发现问题、优化策略，实现精准、高效的新媒体运营。

微博作为新媒体运营的重要阵地，其效果评估需要建立在科学、合理的标准之上。

首先，关注度是评估微博平台运营效果的基础指标。通过分析粉丝数量、互动量、转发量等数据，可以直观地了解微博内容的受欢迎程度，判断传播的广度和深度。其中，粉丝数量反映了微博账号的影响力和号召力，互动量体现了内容的吸引力和用户的参与度，转发量则说明了内容的传播力和话题的热度。通过纵向对比账号各阶段的关注度数据，可以评估运营策略的实施效果，发现优势与不足。

其次，转化率是衡量微博平台运营实效的关键指标。无论是吸引粉丝关注、引导用户互动，还是促成产品销售、提升品牌美誉度，转化率都直接反映了运营目标的达成情况。例如，通过统计微博推文的点击率、产品的购买转化率等，可以评估内容策略对用户行为的影响，优化推文的设置和投放。再如，通过问卷调查、话题讨论等方式收集用户对品牌的反馈，可以评估口碑传播效果，为品牌推广策略优化提供依据。转化率代表了微博平台运营的变现能力和投入产出比，是效果评估不可或缺的重要标准。

再次，用户画像是实现精准运营、提升评估准确性的基础。通过收集用户的人口属性、兴趣爱好、互动行为等数据，微博平台运营者可以更加立体、全面地认识目标受众，洞察其需求和偏好。基于用户画像，微博平台运营者可以优化内容策略，设计更加个性化和有针对性的推送内容和互动方案。同时，用户画像也有助于建立更加细分的评估标准，从不同维度评判运营效果。例如，分析不同年龄、地域、职业的用户群体对内容的反应，评估话题在细分受众中的影响力，以便因地制宜地调整运营策略。

最后，长期效果是微博平台运营效果评估的重要视角。新媒体运营不是一蹴而就的，需要长期积累和维护。因此，评估标准不能仅局限于短期数据，更要关注长期趋势和品牌资产的积累。例如，通过持续监测微博账号的粉丝忠诚度、品牌口碑、话题声量等指标，评估运营策略的延续性和一致性，优化长期运营方案。再如，梳理微博平台运营对品牌知名度、美誉度的贡献，评估其在品牌传播版图中的战略地位，进而指导整体营销策略的优化。

三、微博平台的运营策略

微博平台的运营策略需要从内容运营、用户运营和数据分析三个方面加以阐述。通过内容形式多样化、定期更新内容、热点话题跟进等方式提高内容质量和吸引力；通过拉新策略、留存策略、促活策略等方式增加用户数量和黏性；通过用户行为分析、内容传播分析、数据驱动决策等方式优化运营策略和提高运营效果。

（一）内容运营

内容运营是微博平台运营的核心。优质的内容不仅能够吸引用户的关注，还能提高用户的黏性和活跃度。微博内容运营应注意以下几点。

1. 内容形式多样化

微博作为一个信息分享和传播的平台，支持文字、图片、视频等多种形式的内容发布。为了吸引更多用户,微博运营者需要结合多种形式来丰富内容的表现力。

（1）文字内容

文字是微博内容的基础,简短有力的文字能够迅速传达信息,引发用户的共鸣。微博运营者需要注重文字的精炼和吸引力,用简短的话语抓住用户的注意力。例如,可以通过发布有趣的段子、感人的故事、有深度的观点等内容来吸引用户。

（2）图片内容

图片是微博内容的重要组成部分,一张高质量的图片能够迅速吸引用户的眼球。微博运营者可以通过发布精美的图片来展示产品、风景、人物等,提高内容的吸引力。同时,图片的设计也需要注重美观和创意,让用户一眼就能被吸引。

（3）视频内容

随着短视频的兴起,视频内容在微博上的重要性日益凸显。微博运营者可以通过发布短视频来展示产品使用、幕后花絮、行业资讯等内容,提高用户的参与度和互动性。短视频的制作需要注重创意和剪辑技巧,让用户能够在短时间内获得有价值的信息。

2. 定期更新内容

保持内容的持续性和新鲜感是吸引用户关注的关键。微博运营者需要制订一个合理的内容发布计划,确保每天或每周都有新的内容发布。

（1）内容发布计划

微博运营者可以根据平台的用户活跃时间和热点话题来制订内容发布计划。例如,在工作日的午餐时间和晚上用户活跃的高峰期发布内容,可以提高内容的曝光率。同时,结合热点话题和行业动态来设定内容主题,可以吸引更多用户的关注。

（2）内容创新

除了定期更新内容,微博运营者还需要注重内容的创新。通过引入新的内容形式和主题,可以不断激发用户的兴趣,提高用户的黏性和活跃度。例如,可以尝试发布直播、互动问答、话题讨论等新的内容形式,增加用户的参与感和互动性。

3. 热点话题跟进

及时跟进社会热点和行业动态是提高用户参与度和互动频率的有效方式。微博运营者需要密切关注社会热点和行业动态，及时发布相关话题内容，引导用户参与讨论。

（1）热点话题挖掘

微博运营者可以通过关注新闻网站、社交媒体、行业论坛等渠道来挖掘热点话题。一旦发现热点话题，需要迅速反应，及时发布相关内容，抢占先机。

（2）话题引导

在发布热点话题内容时，微博运营者需要注重话题的引导。通过提出有深度的问题、分享有价值的观点等方式，可以引导用户积极参与讨论，提高话题的热度和互动性。

（二）用户运营

用户运营是微博平台运营的重要环节。通过有效的用户运营，可以增加用户的数量和黏性，提高用户的活跃度和参与度。微博用户运营应采取以下策略。

1. 拉新策略

拉新是用户运营的首要任务。微博运营者需要通过各种方式吸引新用户关注微博账号，扩大用户基础。

（1）活动推广

活动推广是吸引新用户的有效方式。微博运营者可以策划各种线上活动，如抽奖、优惠券发放、话题讨论等，通过活动吸引新用户关注。同时，可以与其他账号或平台进行合作推广，扩大活动的影响力。

（2）合作推广

合作推广是拉新的另一种有效方式。微博运营者可以与其他知名账号或品牌进行合作，通过互推、联名活动等方式吸引对方用户的关注。同时，可以参与微博的各种推广活动，如话题挑战、热门推荐等，提高账号的曝光率。

2. 留存策略

留存是提高用户黏性的关键。微博运营者需要通过发布优质内容、开展互动活动等方式提高用户的留存率，防止用户流失。

（1）发布优质内容

发布优质内容是留住用户的基础。微博运营者需要注重内容的质量和创意，确保发布的内容能够吸引用户的兴趣。同时，需要定期更新内容，保持内容的新鲜感和吸引力。

（2）开展互动活动

开展互动活动是提高用户留存率的有效方式。微博运营者可以策划各种互动活动，如问答、投票、直播等，增加用户的参与感和互动频率。通过互动活动，可以加深用户与所关注的微博账号之间的联系，提高用户的忠诚度。

3. 促活策略

促活是提高用户活跃度和参与度的关键。微博运营者需要通过定期发布互动内容、举办线上活动等方式提高用户的活跃度和参与度。

（1）发布互动内容

发布互动内容是促活的基础。微博运营者需要定期发布能够引发用户讨论和互动的内容，如提问、观点分享、话题讨论等。通过互动内容，可以激发用户的参与热情，提高用户的活跃度。

（2）举办线上活动

举办线上活动是促活的有效方式。微博运营者可以策划各种线上活动，如主题讨论、挑战赛、直播带货等，通过活动吸引用户参与。同时，可以与其他账号或品牌进行合作，共同举办线上活动，扩大活动的影响力，从而激发用户的活跃度。

（三）数据分析

数据分析是微博平台运营的重要手段。通过对用户行为、内容传播等数据的分析，可以了解用户的需求和偏好，优化运营策略，提高运营效果。微博数据分析应注重以下几点。

1. 用户行为分析

用户行为分析是了解用户需求和偏好的基础。微博运营者需要关注用户的关注、点赞、评论等行为数据，分析用户的兴趣和需求。

（1）关注数据分析

关注数据可以反映用户对账号的兴趣程度。微博运营者需要关注新增关注、取消关注等数据，分析用户关注账号的原因和动机。通过关注数据分析，可以了解用户的兴趣偏好，为内容创作提供方向。

（2）互动数据分析

互动数据可以反映用户的参与度和活跃度。微博运营者需要关注点赞、评论、转发等数据，分析用户对内容的兴趣和反馈。通过互动数据分析，可以了解用户对内容的喜好和需求，为内容优化提供依据。

2. 内容传播分析

内容传播分析是了解内容传播效果和影响力的关键。微博运营者需要关注内容的转发、评论、点赞等数据，分析内容的传播路径和效果。

（1）转发数据分析

转发数据可以反映内容传播的广度和深度。微博运营者需要关注转发次数与转发用户等，分析内容的传播路径和受众群体。通过转发数据分析，可以了解内容的传播效果和影响力，为内容推广提供依据。

（2）评论数据分析

评论数据可以反映用户对内容的反馈和态度。微博运营者需要关注评论数量、评论内容等数据，分析用户对内容的评价和建议。通过评论数据分析，可以了解用户对内容的满意度和改进方向，为内容优化提供参考。

3. 数据驱动决策

数据驱动决策是提高运营效果的关键。微博运营者需要根据数据分析结果调整运营策略，优化内容发布和推广方式。

（1）策略调整

根据数据分析结果，微博运营者可以调整内容发布策略和推广方式。例如，如果发现用户对某种类型的内容兴趣较高，可以增加该类型内容的发布频率；如果发现某种推广方式效果较好，可以加大该方式的运用力度。

（2）效果评估

数据驱动决策需要注重效果评估。微博运营者需要定期对运营效果进行评估，分析策略调整后的数据变化和用户反馈。通过效果评估，可以了解策略调整的效果和问题，为后续的运营策略完善提供参考。

第二节　社交类新媒体平台——以微信为例

微信作为一款集社交、支付、信息服务于一体的综合性平台，其独特的功能与特征为企业和个人提供了丰富的运营手段。下面将详细分析微信的基本功能、技术特征，并结合实际案例探讨其运营策略。

一、微信平台的基本功能与技术特征

（一）微信平台的基本功能

1. 聊天功能

微信支持一对一聊天和群组聊天，用户可以通过文字、语音、图片、视频等多种形式进行实时沟通。这一功能不仅满足了用户的日常交流需求，也为企业提供了与客户直接互动的渠道。

（1）一对一聊天

一对一聊天是微信最基础的功能之一。用户只需选择联系人，即可进行即时文字、语音或视频通话。这种私密性强的交流方式，使得用户能够随时随地与亲朋好友保持联系，分享生活点滴。同时，企业也可以通过一对一聊天的方式，与客户建立直接的沟通渠道，解答疑问，提供个性化服务，增强客户满意度。

（2）群组聊天

群组聊天功能允许用户创建或加入多个群聊，与多人同时进行交流。无论是家庭群、工作群还是兴趣群，群组聊天都为用户提供了便捷的沟通平台。在群组中，用户可以分享信息、讨论话题、安排活动，极大地提高了沟通效率。对于企业而言，群组聊天也是团队协作、客户管理的重要工具。通过创建客户群、员工群等，企业可以实现信息的快速传达和资源的有效整合。

2. 朋友圈功能

朋友圈是微信用户分享生活点滴、展示个人动态的平台。用户可以通过发布文字、图片、视频等内容，与好友进行互动，增强社交联系。对于企业而言，朋友圈是展示品牌形象、推广产品的重要窗口。

（1）个人动态分享

在朋友圈中，用户可以自由地发布个人动态，包括文字、图片、视频等。这些内容可以是日常生活的记录，也可以是个人感悟的分享。通过点赞、评论等互动方式，用户可以与好友保持密切联系，增进彼此之间的了解和感情。

（2）企业品牌展示

对于企业而言，朋友圈是一个展示品牌形象、推广产品的重要渠道。企业可以通过发布品牌故事、产品介绍、活动预告等内容，吸引用户的关注和兴趣。同时，企业还可以通过与用户的互动，了解用户的需求，优化产品和服务，提升品牌知名度和美誉度。

3. 公众号功能

微信公众号为企业和个人提供了自媒体平台，用户可以通过关注公众号获取新闻、知识、娱乐等各类信息。公众号不仅丰富了微信的内容生态，也为企业营销提供了新途径。

（1）内容发布与推送

公众号允许用户发布各种形式的内容，包括文章、图片、视频等。企业可以通过公众号发布行业动态、产品介绍、企业新闻等内容，吸引用户的关注。同时，公众号还支持内容推送功能，企业可以根据用户的阅读习惯和兴趣偏好，定期向用户推送有价值的内容，增强用户黏性。

（2）用户互动与管理

公众号还提供了丰富的用户互动功能，如留言、评论、投票等。企业可以通过这些功能与用户进行实时互动，了解用户需求和反馈，优化产品和服务。此外，公众号还支持用户管理功能，企业可以对关注用户进行分类、标签化管理，实现精准营销和个性化服务。

4. 小程序功能

微信小程序是一种无须下载安装即可使用的应用程序，涵盖了购物、游戏、工具等多个领域。小程序以其便捷性和高效性程序，为用户提供了丰富的服务体验。

（1）便捷的服务体验

小程序无须下载安装即可使用，用户只需在微信中搜索或扫描二维码即可进入。这种便捷性使得小程序在购物、游戏、工具等多个领域得到了广泛应用。用户可以通过小程序快速完成购物、支付、查询等操作，享受高效便捷的服务体验。

（2）丰富的应用场景

小程序的应用场景非常广泛。在购物领域，小程序可以为用户提供在线购物、支付、物流查询等一站式服务；在游戏领域，小程序可以为用户提供休闲益智、竞技挑战等多种类型的游戏；在工具领域，小程序可以为用户提供天气查询、地图导航、翻译查询等多种实用功能。这些应用场景的丰富性使得小程序成为用户日常生活中不可或缺的一部分。

5. 微信支付功能

微信支付是微信平台的一项便捷支付功能，用户可以通过绑定银行卡进行在线支付、转账等操作。微信支付不仅简化了支付流程，也为企业提供了线上交易的便利。

（1）便捷的支付体验

微信支付支持多种支付方式，包括银行卡支付、零钱支付。用户只需在微信中绑定银行卡或充值零钱，通过扫码即可轻松完成支付操作。此外，微信支付还支持跨平台支付功能，用户可以在不同的设备和场景中使用微信支付完成交易。这种便捷的支付体验使得微信支付成为用户线上消费的首选支付方式之一。

（2）便利的线上交易方式

对于企业而言，微信支付提供了线上交易的便利。企业可以通过微信公众号、小程序等平台接入微信支付功能，为用户提供在线购物、支付、退款等一站式服务。这种线上交易方式不仅降低了企业的运营成本，还提高了交易效率和用户体验。同时，企业还可以通过微信支付的数据分析功能，了解用户的消费习惯和需求偏好，优化产品和服务策略。

（二）微信平台的技术特征

微信平台之所以能够在全球范围内获得如此广泛的用户基础，与其强大的技术特征密不可分。微信平台的技术特征主要体现在以下几方面。

1. 强大的用户基础

微信拥有超过10亿的月度活跃用户，这为企业提供了庞大的潜在客户群体。通过微信平台，企业可以轻松地触达目标用户群体，实现精准营销和品牌推广。同时，微信平台还支持用户标签和数据分析功能，企业可以根据用户的兴趣偏好和行为习惯进行精准推送和个性化服务，提高营销效果和用户满意度。

2. 高度的自定义功能

微信平台支持高度自定义功能，企业可以根据自身需求定制公众号功能、菜单和页面等。这种高度的自定义功能使得企业能够打造个性化的品牌形象和服务体验，增强用户的认知和记忆。例如，企业可以设计独特的公众号菜单和页面布局，展示品牌特色和优势；同时，企业还可以根据用户需求和行为习惯定制个性化的服务内容和推送策略，提高用户黏性和满意度。

3. 精准的营销能力

微信平台通过用户标签和数据分析功能，实现了精准推送和个性化服务。企业可以根据用户的兴趣偏好和行为习惯进行精准推送，并提供个性化服务，提高营销效果和用户满意度。例如，企业可以通过微信公众号向用户推送与其兴趣相关的文章或产品信息；同时，企业还可以通过数据分析功能了解用户的消费习惯和需求偏好，优化产品和服务策略，提高用户满意度和忠诚度。

二、微信平台的运营策略

微信平台的运营需要制订一套科学合理的策略，以吸引用户关注、提高用户活跃度并促进转化。微信平台凭借其庞大的用户基数、丰富的功能体系以及高度的互动性，为品牌运营者提供了广阔的舞台。以下将详细探讨几个关键的运营策略，以期在微信平台上实现最佳运营效果。

（一）内容营销

内容营销是微信平台运营的核心策略之一。通过公众号和小程序发布高质量的内容，可以吸引用户的关注并增强用户黏性。内容营销的关键在于创造有价值、有趣味性且互动性强的内容，以满足用户的需求。

1. 内容定位与规划

在进行内容营销之前，需要明确内容的定位与规划。内容应紧密围绕品牌或产品的核心价值展开，确保与品牌形象和产品特点相一致。同时，还需要根据目标受众的需求和兴趣进行规划，确保内容的针对性和吸引力。例如，对于时尚品牌而言，可以发布关于时尚潮流、穿搭技巧、明星同款等内容；对于教育品牌而言，可以发布学习方法、教育资讯、学科知识等内容。

2. 内容形式与创意

内容的形式和创意也是内容营销的重要因素。微信平台支持多种内容形式，包括文字、图片、视频、音频等。品牌运营者可以根据品牌特点和目标受众的喜好，选择合适的内容形式进行创作。同时，还需要注重内容的创意性，通过独特的视角、新颖的观点或有趣的表现形式，吸引用户的注意力并引起用户的共鸣。例如，可以采用故事化、漫画化、数据可视化等形式，使内容更加生动有趣。

3. 内容发布与推广

内容发布与推广是内容营销的最后一步。在发布内容时，需要注意发布时间和频率的安排，确保内容能够及时触达用户并保持用户的关注度。同时，还可以利用微信平台的推广功能，如朋友圈广告、公众号广告等，扩大内容的传播范围并吸引更多潜在用户。此外，还可以与其他公众号或关键意见消费者（KOC）进行合作，通过互推或转载等方式，提高内容的曝光度和影响力。

（二）社群运营

社群运营是微信平台运营的另一个重要策略。通过微信群聊功能，可以建立品牌社群，与用户进行深度互动。社群运营不仅能够增强用户的归属感和忠诚度，还能够促进用户之间的交流和分享，形成良好的口碑效应。

1. 社群建立与管理

在建立社群之前，需要明确社群的定位和目标。社群应围绕品牌或产品的核心价值展开，吸引具有相同兴趣和需求的用户加入。同时，还需要制订社群规则和管理制度，确保社群的秩序和氛围。在社群管理中，需要注重用户的参与度和活跃度，通过定期发布有价值的内容、组织互动活动等方式，激发用户的兴趣和热情。此外，还需要及时处理用户的反馈和投诉，维护社群的良好形象和口碑。

2. 社群互动活动

社群互动活动是社群运营的核心内容。通过定期举办互动活动，如问答、投票、抽奖等，可以增强用户的参与感和归属感。同时，还可以邀请行业专家或KOC进行分享和交流，提高社群的专业性和权威性。此外，还可以组织线下活动，如品鉴会、体验课等，将线上社群与线下活动相结合，形成全方位的互动体验。通过这些互动活动，可以加深用户对品牌或产品的认知和了解，提高用户的忠诚度和转化率。

3. 社群数据分析与优化

社群数据分析与优化是社群运营的重要环节。通过收集和分析社群数据，如用户活跃度、参与度、反馈意见等，可以了解社群运营的效果和存在的问题。根据数据分析结果，可以对社群运营策略进行调整和优化，如调整内容发布时间和频率、改进互动活动形式等。同时，还可以根据用户的需求和反馈，不断完善社群功能和服务，提高用户的满意度和忠诚度。

（三）精准推送

精准推送是微信平台运营的关键策略之一。通过用户标签和数据分析，可以实现个性化推送，提高营销效果。精准推送不仅能够提高用户的关注度和参与度，还能够降低营销成本并提高转化率。

1. 用户标签与画像

用户标签与画像是精准推送的基础。通过收集和分析用户数据，如基本信息、行为数据、偏好数据等,可以建立用户标签与画像。用户标签可以反映用户的特征和属性,如年龄、性别、所处地域、职业等;用户画像则可以反映用户的需求和兴趣,如购物偏好、阅读习惯、社交行为等。通过用户标签与画像,可以将用户分为不同群体,并针对不同群体制订个性化的推送策略。

2. 个性化推送策略

个性化推送策略是精准推送的核心内容。根据用户标签与画像,可以制订个性化的推送内容、时间和频率等。例如,对于年轻用户群体,可以推送时尚潮流、娱乐八卦等内容;对于中老年用户群体,可以推送健康养生、旅游休闲等内容。同时,还可以根据用户的活跃时间和偏好,选择合适的推送时间和频率,确保推送内容能够及时触达用户并引起用户的兴趣。

3. 推送效果评估与优化

推送效果评估与优化是精准推送的重要环节。通过收集和分析推送数据,如点击率、转化率、反馈意见等,可以了解推送效果的好坏和存在的问题。根据数据分析结果,可以对推送策略进行调整和优化,如改进推送内容、调整推送时间和频率等。同时,还可以根据用户的反馈和投诉,不断完善推送功能和服务,提高用户的满意度和忠诚度。

(四)线上线下联动

线上线下联动是微信平台运营的创新策略之一。通过结合微信平台与线下活动,可以实现线上线下的无缝衔接和互动。线上线下联动不仅能够扩大品牌的影响力和覆盖面,还能够提高用户的参与度和转化率。

1. 线下活动引流

线下活动是线上线下联动的起点。通过举办线下活动,如品鉴会、体验课、促销活动等,可以吸引用户的关注和参与。在线下活动中,可以通过扫码关注公众号或小程序等方式,将用户引流到线上平台。同时,还可以在线下活动中设置互动环节和奖励机制,鼓励用户分享和转发活动内容到微信平台,进一步扩大活动的传播范围和影响力。

2. 线上平台互动与转化

线上平台是线上线下联动的核心。通过线上平台,可以与用户进行深度互动和转化。在线上平台中,可以发布与线下活动相关的内容,如活动回顾、精彩瞬间、用户评价等,吸引用户的关注和参与。同时,还可以利用线上平台的推广功能，如朋友圈广告、公众号广告等，扩大内容的传播范围并吸引更多潜在用户。此外，还可以在线上平台中设置购买链接或优惠券等，引导用户进行购买和转化。

3.线上线下数据整合与分析

线上线下数据整合与分析是线上线下联动的重要环节。通过收集和分析线上线下数据，如用户参与度、转化率、反馈意见等，可以了解线上线下联动的效果和存在的问题。根据数据分析结果，可以对线上线下联动策略进行调整和优化，如改进线下活动形式、优化线上平台功能等。同时，还可以根据用户的需求和反馈，不断完善线上线下联动机制和服务流程，提高用户的满意度和忠诚度。

(五)合作与共赢

合作与共赢是微信平台运营的重要策略之一。通过与其他品牌或KOC进行合作，可以共同推广产品或服务，扩大品牌的影响力和覆盖面。合作与共赢不仅能够提高营销效果和用户转化率，还能够降低营销成本并实现资源共享和优势互补。

1.合作对象选择与评估

合作对象选择与评估是合作与共赢的前提。在选择合作对象时，需要考虑对方的品牌形象、市场影响力、用户群体等因素是否与自身的品牌相匹配。同时，还需要对合作对象的实力和信誉进行评估，确保合作的安全性和可靠性。在选择合作对象时，可以通过市场调研、竞品分析等方式进行筛选和比较，选择最适合自己的合作伙伴。

2.合作模式与方案设计

合作模式与方案设计是合作与共赢的关键。根据合作对象的特点和需求，可以制订不同的合作模式和方案。例如，可以采用互推模式，通过互相推荐和分享内容，扩大双方品牌的影响力和覆盖面；可以采用联名模式，共同推出联名产品或服务，吸引用户的关注和购买；可以采用分销模式，通过分销渠道将产品或服务推广给更多潜在用户。在设计合作方案时，需要注重双方的利益平衡和共赢，确保合作的长期性和稳定性。

3.合作效果评估与优化

合作效果评估与优化是合作与共赢的重要环节。通过收集和分析合作数据，如用户参与度、转化率、销售额等，可以了解合作效果的好坏和存在的问题。根据数据分析结果，可以对合作策略进行调整和优化，如改进合作方式、优化合作方案等。同时,还可以根据合作对象的反馈和意见,不断完善合作机制和服务流程,提高合作的效率和效果。此外,还需要定期对合作进行总结和评估,及时调整合作策略和方案,确保合作的持续性和有效性。

(六)数据驱动优化

数据驱动优化是微信平台运营的重要策略之一。通过利用微信平台提供的数据分析工具,收集用户行为和内容营销效果等数据,可以深入了解用户需求和行为习惯。根据数据分析结果,可以对运营策略进行调整和优化,提高运营效果和转化率。

1. 数据收集与整理

数据收集与整理是数据驱动优化的前提。通过微信平台提供的数据分析工具,如用户分析、内容分析、流量分析等,可以收集到大量的用户行为和内容营销效果等数据。在收集数据时,需要注意数据的准确性和完整性,确保数据的可靠性和有效性。同时,还需要对收集到的数据进行整理和分类,方便后续的数据分析和应用。

2. 数据分析与挖掘

数据分析与挖掘是数据驱动优化的核心。通过对收集到的数据进行深入分析和挖掘,可以了解用户的需求和行为习惯,发现运营中存在的问题和机会。例如,可以通过分析用户活跃度、参与度等数据,了解用户对内容的兴趣和偏好;可以通过分析转化率、销售额等数据,评估营销效果的好坏和存在的问题。在数据分析与挖掘过程中,需要注重数据的关联性和趋势性,发现数据背后的规律和趋势,为运营策略的调整和优化提供支持。

3. 策略调整与优化

策略调整与优化是数据驱动优化的目的。根据数据分析结果,可以对运营策略进行调整和优化。例如,可以根据用户对内容的兴趣和偏好,调整内容发布时间和频率、改进内容形式和创意等;可以根据营销效果的好坏和存在的问题,调整推广方式和渠道、优化营销方案等。在策略调整与优化过程中,需要注重策略的针对性和实效性,确保调整后的策略能够更好地满足用户需求并提高运营效果。同时,还需要定期对策略进行总结和评估,及时调整和优化策略方案,确保运营的持续性和有效性。

第三节 短视频类新媒体平台——以抖音为例

一、抖音平台的基本功能与特征

（一）抖音平台的基本功能

作为全球领先的短视频社交平台，抖音自诞生以来迅速席卷全球，成为无数用户记录生活、分享创意、发现新鲜事物的首选平台。抖音平台的独特之处在于其精确的算法推荐机制，它能够精准地将用户感兴趣的优质短视频内容推送给他们，从而在短时间内获得更多的观看量和互动量。抖音支持用户发布15秒、30秒、60秒以及最多3分钟时长的视频，根据不同内容的需求，用户可以灵活选择合适的时长，创作符合目标用户群体偏好的短视频。

1.视频录制与编辑功能

抖音平台的核心功能之一是支持用户直接拍摄视频或者从本地导入素材，并且提供了一系列编辑工具，如滤镜、特效、配乐等，这些功能让视频内容更加丰富和吸引人。

滤镜：滤镜是短视频编辑中常用的工具之一，它可以改变视频的色调、对比度、饱和度等参数，从而营造出不同的视觉效果。例如，黑白滤镜可以营造出复古的氛围，而鲜艳滤镜则可以让视频更加生动明快。用户可以根据视频的主题和风格，选择最合适的滤镜效果。

特效：特效是短视频编辑中的另一个重要工具，它可以在视频中添加各种动态效果，如文字、动画、贴纸、转场效果等。这些特效不仅可以增加视频的趣味性，还可以帮助用户更好地表达视频的主题和情感。例如，在旅行短视频中添加地图贴纸和目的地标签，可以让观众更直观地了解旅行路线和目的地信息。

配乐：配乐是短视频中不可或缺的元素之一，它可以增强视频的情感表达，提高观众的观看体验。短视频平台通常内置丰富的音乐库，用户可以根据视频的主题和风格，选择最合适的背景音乐。例如，在搞笑短视频中添加欢快的音乐，可以让视频更加幽默风趣；而在情感短视频中添加抒情的音乐，则可以让观众更加深入地感受到视频所传达的情感。

抖音平台不仅提供了基础的视频录制功能，内置了丰富的音乐库和多种编辑工具,还提供了"一键美颜""瘦脸""大眼"等特色功能,让用户可以轻松拍摄出高质量的视频内容。

2. 社交互动功能

抖音平台强调社交互动,用户可以通过评论、点赞、分享等方式与他人建立联系。这些社交互动功能不仅增强了用户的参与感,也使平台更加活跃。

评论:评论是抖音平台中最重要的社交互动功能之一,它允许用户对视频内容进行评论和留言。通过评论,用户可以表达自己对视频的看法和感受,也可以与其他用户进行交流和讨论。评论功能不仅增强了用户之间的互动性,还提高了视频的曝光率和传播效果。例如,当一个视频引发大量用户评论时,它会更容易被推荐给更多的用户观看。

点赞:点赞是抖音平台中另一种常见的社交互动功能,它允许用户对视频内容进行点赞和认可。通过点赞,用户可以表达自己对视频的喜爱和支持,也可以增加视频的曝光率和影响力。点赞数量通常被视为衡量视频受欢迎程度的重要指标之一,也是创作者评估自己内容质量的重要参考。

分享:分享是抖音平台中扩大视频传播范围的重要功能之一,它允许用户将视频分享到其他社交媒体平台或发送给好友。通过分享功能,用户可以将自己喜欢的视频推荐给更多的人观看,从而扩大视频的传播范围和影响力。同时,分享功能也有助于增加抖音平台的用户黏性和活跃度。

3. 直播功能

除了基本的视频录制与编辑以及社交互动功能,抖音平台还提供了直播功能,允许用户进行实时互动和展示才华。直播功能不仅增强了用户的参与感和互动性,还为创作者提供了更多的变现机会。

实时互动:直播功能允许用户与创作者进行实时互动和沟通,如提问、点赞、送礼物等。这种实时互动不仅增强了用户的参与感和归属感,还为创作者提供了更多的反馈和灵感来源。例如,在直播过程中,创作者可以根据用户的提问和建议调整自己的内容和风格,以更好地满足用户的需求和喜好。

展示才华:直播功能为创作者提供了展示自己才华和魅力的舞台。通过直播,创作者可以展示自己的才艺、分享生活点滴或进行产品推广等活动。这些活动不仅有助于提升创作者的知名度和影响力,还为其带来了更多的粉丝和收益。在抖音平台上,许多创作者通过直播销售自己的产品或与品牌合作推广产品,实现了可观的收益。

变现机会：直播功能还为创作者提供了更多的变现机会。通过直播打赏、广告合作、电商带货等方式，创作者可以将自己的粉丝和流量转化为实际收益。这些变现机会不仅有助于激励创作者创作更多优质的内容，也推动了抖音平台的商业化和可持续发展。

（二）抖音平台的特征

抖音凭借其独有的特征，成为现代短视频社交平台的佼佼者。以下是抖音平台的一些关键特征。

1."短小精悍"

抖音平台上的视频内容通常具有"短小精悍"的特点，这种短小精悍的视频形式不仅符合现代人的碎片化阅读习惯，也能够在短时间内快速传达信息并吸引用户的注意力。随着移动互联网的普及，用户在信息获取上越来越依赖短时、高效的方式，抖音的这一特征迎合了这种需求。

符合现代人的碎片化阅读习惯：随着移动互联网的普及和发展，人们的阅读习惯逐渐从长文阅读转向碎片化阅读。抖音平台上的视频内容正好符合这种碎片化阅读习惯的需求。用户可以在短时间内快速浏览多个视频内容，获取自己感兴趣的信息和娱乐内容。

快速传达信息：抖音平台上的视频内容通常具有简洁明了的特点，能够在短时间内快速传达信息。这种快速传达信息的方式不仅提高了用户的观看效率，也增强了视频的传播效果和影响力。例如，在新闻类短视频中，创作者可以通过简洁明了的视频内容快速传达新闻事件的核心信息和要点。

吸引用户的注意力：抖音平台上的视频内容通常具有生动有趣的特点，能够吸引用户的注意力并激发其观看欲望。这种吸引用户注意力的方式不仅有助于提高视频的观看量和传播效果，也有助于增加抖音平台的用户黏性和活跃度。例如，在搞笑类短视频中，创作者可以通过幽默风趣的视频内容吸引用户的注意力并引起共鸣。

2. 内容多元化

抖音平台上的视频内容涵盖了搞笑、生活分享、才艺展示等多个领域，能够满足不同兴趣爱好用户群体的需求。这种内容多元化的特点不仅丰富了短视频平台的视频库和用户体验，也为其带来了更广泛的受众和商业价值。

满足不同兴趣爱好用户群体的需求：抖音平台上的视频内容涵盖了多个领域和主题，能够满足不同兴趣爱好用户群体的需求。无论是喜欢搞笑、分享生活还是展示才艺的用户，都可以在抖音平台上找到自己喜欢的内容。这种满足不同兴趣爱好的特点有助于吸引更多的用户加入抖音平台并增加其用户黏性和活跃度。

丰富了短视频平台的视频库和用户体验：抖音平台上的内容多元化不仅丰富了视频库和用户体验，也为其带来了更多的创意和灵感来源。创作者可以根据不同的主题和风格创作多样化的视频内容，以满足用户的多样化需求。同时，用户也可以通过浏览不同类型的视频内容来拓宽自己的视野和增加娱乐体验。

带来了更广泛的受众和商业价值：抖音平台上的内容多元化为其带来了更广泛的受众和商业价值。不同类型的视频内容可以吸引不同类型的用户群体，从而扩大抖音平台的受众范围和影响力。同时，这种内容多元化的特点也为创作者提供了更多的变现机会和商业合作可能性。例如，在美妆类短视频中，创作者可以通过推广化妆品或与品牌合作推广产品来实现商业变现。

3.精准的算法推荐

抖音平台依靠其先进的 AI 算法推荐系统，根据用户的观看习惯和喜好，精准推送相关内容。这种个性化推荐的方式不仅提高了用户的观看体验和黏性，也为创作者提供了更多的曝光机会，还促进了内容多样化和创新。

提高了用户的观看体验和黏性：AI 算法推荐系统可以根据用户的观看历史和喜好分析其行为模式，并为其推荐最符合其需求的内容。这种方式不仅提高了用户的观看体验和满意度，也增强了其对抖音平台的依赖性和忠诚度。例如，当用户频繁观看搞笑类短视频时，个性化推荐算法会为其推荐更多类似的搞笑内容以满足其需求。

为创作者提供了更多的曝光机会：AI 算法推荐系统不仅为用户提供了更好的观看体验，也为创作者提供了更多的曝光机会。通过精准推送符合用户需求的内容，AI 算法推荐系统可以帮助创作者吸引更多的目标受众。这种曝光机会的增加有助于提高创作者的知名度和影响力，并为其带来更多的商业合作和变现机会。

促进内容多样化和创新：AI 算法推荐系统还促进了抖音平台上的内容多样化和创新。由于 AI 算法推荐系统会根据用户的喜好推荐内容，创作者需要不断尝试新的主题和风格以吸引用户的注意力并获得更多的曝光机会。这种竞争压力促使创作者不断探索和创造新的视频内容和形式以满足用户的需求和期望。例如，在美食类短视频中，创作者可以通过尝试新的烹饪方法和食材搭配来制作新颖有趣的美食视频并吸引用户的关注。

二、抖音平台的运营策略

成功的抖音平台运营需要制订合理的策略以吸引和留住用户。这些策略包括精准定位与内容创新、互动营销与合作推广、广告形式创新、数据分析和优化、项目化运营以及系列化运营等方面。

（一）精准定位与内容创新

在抖音平台运营中，精准定位与内容创新是成功的关键因素之一。明确的市场定位能够帮助品牌将内容直接传达给合适的受众群体，从而提高品牌的曝光度和营销效果。

1. 精准定位

精准定位要明确品牌的目标受众是谁。通过用户画像分析，可以深入了解用户的兴趣爱好、年龄段、性别、地域分布等特征。例如，如果品牌主要针对年轻女性用户，可以通过分析抖音平台上的受众数据，了解这一群体最感兴趣的话题、视频类型和创作风格，从而为她们定制专属的内容。

此外，精准定位还包括对竞争对手的分析。通过观察同行品牌在抖音上的表现，可以了解他们的成功经验与不足之处，进而调整自己的营销策略。例如，某些品牌专注于搞笑、生活类内容，而另一些则注重教育性或产品展示，品牌应根据自身特点与市场需求设定不同的内容定位。

2. 内容创新

一旦目标受众和市场定位明确，创作者就可以围绕这些受众的兴趣进行创意视频的制作。内容创新的核心在于"与众不同"，要确保视频内容能够从浩瀚的短视频中脱颖而出。

故事化：通过讲述吸引人的故事，可以更好地抓住用户的注意力，提升用户的情感共鸣。品牌可以通过创意化的视频故事情节，围绕产品或服务展开叙述。

用户参与感：让用户参与到视频创作过程中，提升他们的归属感和互动感。例如，通过挑战赛、互动问答等形式吸引用户参与，进一步增强与品牌的互动。

"短小精悍"：考虑到抖音平台的时长限制，内容应保持简洁和高效。每个视频要围绕一个核心主题展开，避免冗长和多余的内容，确保受众可以在短时间内获取最关键的信息。

通过有创意的视频内容，品牌能够迅速吸引目标群体，提升品牌的曝光率，同时增强用户的黏性。

（二）互动营销与合作推广

抖音的社交性质非常强，互动营销与合作推广在提升品牌影响力和吸引用户关注方面具有重要作用。借助平台的互动功能，品牌可以与受众建立更深的连接，扩大品牌的传播范围。

1. 互动营销

互动营销是通过积极与用户互动来建立长期关系的一种营销方式。在抖音平台上，互动功能主要包括评论、私信、点赞、转发等形式。品牌可以通过以下几种方式进行有效互动。

评论互动：品牌可以主动在视频下与用户互动，回复评论、提出问题或发表观点，从而增加与用户的互动频率。例如，某品牌可以在视频中展示其产品，然后在评论中提出"你最喜欢的口味是哪个？"这样的问题，引导用户分享自己的看法，增加讨论量。

私信互动：通过私信的方式与潜在客户或活跃用户建立联系。例如，在品牌推广过程中，品牌可以私信一些高活跃度的用户，送上优惠券或定制服务，提升用户的参与感和忠诚度。

定期互动活动：通过设置互动话题或举办小型线上活动，增强品牌与用户之间的互动。例如，品牌可以定期发布主题挑战赛或竞猜活动，鼓励用户参与并为参与者提供奖励，激励他们持续关注品牌的动向。

2. 合作推广

合作推广通过与抖音网红或 KOL 进行合作，借助他们的影响力和粉丝基础，将品牌曝光给更多目标用户。品牌可以通过以下方式进行合作推广。

KOL 代言与产品推广：选择与品牌形象匹配的 KOL 进行代言或产品推广。通过 KOL 的短视频或直播推介产品，能够迅速提高品牌知名度。例如，某品牌与流量较大的抖音博主合作，让博主亲自体验并推荐产品，吸引其粉丝购买。

挑战赛和互动活动：品牌可以邀请 KOL 发起相关的挑战赛，借助他们的影响力增加话题度。挑战赛不仅能够增加品牌的曝光度，还能促进用户参与。通过 KOL 的推广，品牌能够扩大影响力，同时提高用户的参与度。

品牌联合营销：多个品牌可以共同合作，邀请 KOL 进行联名推广，增加内容的多样性和趣味性。这种跨品牌合作能够带来互利共赢，扩大市场份额。

（三）广告形式创新

抖音的广告形式非常丰富，企业可以根据品牌的不同需求和目标，选择最适合的广告形式来达到最佳营销效果。以下是一些创新的广告形式及其应用。

1. 品牌推广

抖音为品牌提供了多种广告形式，其中包括开屏广告、信息流广告等，能够在用户使用抖音时直接进行品牌宣传。品牌可以通过视觉冲击力强的广告形式提高曝光度。

开屏广告：用户打开抖音时，第一个看到的就是开屏广告。品牌可以在用户首次进入平台时，快速传达品牌信息或推出促销活动。开屏广告时长较短（通常为5秒），因此必须迅速吸引用户的注意力。

信息流广告：信息流广告是抖音内的一种自然广告形式，它会穿插在用户刷视频的过程中。品牌可以选择合适的视频广告内容，通过精准的推荐系统将广告推送给潜在客户。

2. 电商直播

抖音平台为品牌提供了"直播带货"的机会，企业可以通过抖音直播功能直接展示产品，进行销售。品牌可以利用抖音的直播功能，通过现场直播的方式展示产品特点，实时与观众互动，增强购买欲望。

主播推荐：通过抖音网红或专业主播进行产品展示和试用，带动直播销售。主播不仅能向观众详细展示产品的使用方法和效果，还能通过互动提高观众购买的积极性。

实时优惠：品牌可以在直播过程中提供限时优惠、折扣等吸引观众参与购买。利用抖音的互动功能，结合直播实时促销，能够有效增加产品的销售量。

3. 抖音挑战赛

抖音挑战赛是一种互动性极强的广告形式，品牌可以发起或赞助一场挑战赛，鼓励用户创作与品牌相关的内容，进而推动话题传播。

UGC：挑战赛通过鼓励用户创作内容，增加品牌的曝光度和传播效应。用户自发参与的内容通常会比品牌直接投放的广告更具可信度，从而提高参与度和转化率。

合作挑战：品牌还可以与KOL、明星等合作，借助他们的影响力发起挑战赛，扩大话题的影响力，吸引更多用户参与。

4. 其他创新广告形式

除了传统的广告形式，抖音还不断创新广告形式，如 AR 滤镜广告、短视频广告等。这些创新形式帮助品牌在吸引用户的同时，提升广告的互动性和娱乐性。

AR 滤镜广告：通过增强现实技术，品牌可以让用户通过特效滤镜与产品互动，提升用户体验并增加广告的趣味性。

短视频广告：品牌通过短视频的形式展示产品或服务，"短小精悍"的广告能够有效吸引用户的注意力。

（四）数据分析和优化

数据分析和优化是抖音平台运营中不可或缺的一环。通过收集和分析用户数据如观看量、点赞数、分享量等，企业可以了解用户需求和喜好，并优化内容策略和推广方式，以提高整体推广效果。

1. 收集和分析用户数据

数据分析和优化的第一步是收集和分析用户数据。企业可以通过抖音平台提供的数据分析工具来收集用户的观看量、点赞数、分享量等数据指标，并通过分析这些数据来了解用户的行为模式和喜好特点。例如，通过分析用户的观看历史可以发现哪些类型的视频内容更受欢迎并据此调整内容策略，通过分析用户的点赞和分享行为可以了解用户对不同类型视频内容的偏好并据此优化推广方式。

2. 了解用户需求和喜好

通过收集和分析用户数据，企业可以深入了解用户的需求和喜好，并根据这些信息来优化内容策略和推广方式。例如，在美食类短视频中，企业可以通过分析用户的观看历史和点赞行为来了解用户对哪些类型的美食更感兴趣，并据此调整视频内容和推荐策略；在旅游类短视频中，企业可以通过分析用户的分享和评论行为来了解用户对哪些旅游目的地更感兴趣，并据此制订相关的推广计划。

3. 优化内容策略和推广方式

基于对用户需求和喜好的了解，企业可以优化内容策略和推广方式，以提高整体推广效果。例如，在内容策略方面，企业可以根据用户需求和喜好来策划和制作更符合其需求的视频内容；在推广方式方面，企业可以根据用户行为模式和平台特点来选择合适的推广渠道和方式，以提高曝光率和转化率。

（五）项目化运营

项目化运营强调对抖音短视频内容的精品化制作和推广。它要求企业设立专业的短视频团队并采用专业的软硬件设备进行视频制作和推广工作，以确保内容的质量和效果。

1.设立专业团队

项目化运营的第一步是设立专业的抖音短视频团队。这个团队应该包括策划制作组、运营组和电商组等模块，每个模块都有专业的人员负责相关的工作。策划制作组负责视频内容的策划和制作工作；运营组负责视频内容的推广和运营工作；电商组则负责将视频内容与电商业务相结合以实现商业变现。这种分工合作的方式有助于提高整体的工作效率和质量水平。

2.采用专业软硬件设备

项目化运营还要求企业采用专业的软硬件设备进行视频制作和推广工作。这些设备包括专业拍摄设备、收音麦克风、旋转手机架、补光灯等，以及专业的视频编辑软件和推广工具等。通过使用这些专业的软硬件设备，企业可以制作出更高质量的视频内容并更有效地进行品牌推广。

3.注重内容创作质量和推广效果

项目化运营的核心是注重内容创作质量和推广效果。企业需要通过精心策划和制作来确保视频内容质量高且具有一定的吸引力，并通过有效的推广来提高其曝光率和影响力。同时，企业还需要根据用户反馈和数据分析来不断提高内容创作质量和优化内容推广方式，以提高品牌推广效果和商业价值。

（六）系列化运营

系列化运营是提升用户黏性的有效手段之一。它通过统一内容风格和封面图设计形成系列化发布模式，提高用户关注账号的概率，并增加其观看时长和互动频率。

1.统一内容风格和封面图设计

系列化运营的核心是统一内容风格和封面图设计以形成系列化发布模式。企业可以通过制订统一的内容风格和封面图设计规范来确保每个视频都符合品牌形象和主题要求，并通过持续的内容输出和更新来增强用户对账号的认知和记忆。例如，在旅游类短视频中，企业可以采用统一的色调和拍摄风格来制作每个视频，并通过相似的封面图设计来形成系列化发布模式。

2. 提高用户关注账号的概率

通过系列化运营，企业可以提高用户关注抖音账号的概率。当用户看到一系列风格统一、内容相关的视频时，他们更容易被吸引并关注该账号以获取更多的相关内容。这种关注概率的增加有助于扩大账号的受众范围和影响力，并提高用户的黏性和忠诚度。

3. 增加用户的观看时长和互动频率

系列化运营还可以增加用户的观看时长和互动频率。当用户关注一个系列化发布的抖音账号时，他们通常会持续观看该账号发布的每个视频以获取完整的故事情节和信息内容。这种持续观看的行为不仅增加了用户的观看时长和互动频率，也有助于提高抖音账号的活跃度和商业价值。

第四节　综合性新媒体平台——以小红书为例

一、小红书平台的主要功能

小红书作为一款集社交、电商、内容分享于一体的综合性平台，其主要功能涵盖用户社交互动、内容创作与分享、商品推荐与购买等方面。

（一）用户社交互动

1. 关注

小红书的用户社交互动功能是其核心特点之一。用户可以在平台上关注自己感兴趣的内容创作者或其他用户，建立自己的关注列表。这种关注机制不仅增强了用户之间的联系，还使得内容传播更加精准和高效。用户通过点赞、评论和私信等方式与关注的对象进行互动，形成了紧密的社交网络。例如，当用户发现某位美妆博主的分享内容特别符合自己的审美和需求时，便可以通过关注功能，随时获取该博主的最新动态，并通过评论和私信与其交流心得和看法。这种互动不仅增强了用户的参与感，还使得内容创作者能够更直接地了解用户需求，从而创作出更符合用户口味的内容。

2. 社区互动

小红书鼓励用户之间进行交流与分享，通过社区互动功能，用户可以参与话题讨论、发起投票、参与挑战赛等，增强与其他用户间的联系。这些社区活动不仅丰富了平台的内容生态，还激发了用户的创造力和参与热情。例如，小红书经常举办各种主题挑战赛，如"最美妆容挑战赛""旅行摄影大赛"等，用户可以通过参与这些活动展示自己的才华和创意，同时也有机会获得平台的奖励和曝光机会。这种社区互动不仅增强了用户的归属感和认同感，还使得平台内容更加多样化和有趣。

（二）内容创作与分享

1. 笔记发布

小红书的内容创作与分享功能是其吸引用户的重要因素之一。用户可以通过图文、视频等形式发布笔记，分享自己的购物心得、生活体验、美妆技巧等内容。这些笔记不仅为用户提供了展示自我的平台，还为其他用户提供了有价值的参考和借鉴。例如，一位美食博主可以在小红书上发布一篇图文笔记，分享自己制作某道美食的过程和心得，其他用户通过阅读这篇笔记，不仅可以学到制作美食的技巧，还可以感受到博主的用心和热情。这种内容创作与分享的模式不仅丰富了平台的内容生态，还使得用户之间的互动更加紧密和深入。

2. 话题与标签

小红书的话题与标签功能为用户的内容创作和分享提供了更多的便利和可能性。用户可以为笔记添加话题与标签，便于其他用户通过搜索或推荐发现相关内容，增加内容的曝光度。例如，当用户发布一篇关于旅行的笔记时，可以添加"旅行攻略""小众目的地"等话题与标签，这样其他对旅行感兴趣的用户就可以通过搜索这些话题与标签，找到这篇笔记并阅读。这种话题与标签的添加不仅使得内容更加易于被发现和传播，还使得平台的内容组织更加有序和高效。

（三）商品推荐与购买

1. 商品链接

小红书的商品推荐与购买功能是其作为社交电商平台的重要体现。用户在笔记中可以插入商品链接，方便其他用户直接购买。这种无缝衔接的购物体验不仅提高了用户的购物效率，还增强了用户对平台的信任度和依赖度。例如，当用户在小红书上看到一篇关于某款口红的"种草"笔记时,如果对该口红感兴趣,可以直接点击笔记中的商品链接,跳转到购买页面进行购买。这种便捷的购物方式使得用户无须在不同平台之间切换,提高了购物的便捷性和满意度。

2. 商城功能

小红书内置商城提供了丰富的商品选择,用户可以直接在平台上完成购买流程。商城功能不仅为用户提供了更多的购物选择,还使得平台能够更直接地参与到电商业务中,获取更多的商业价值。例如,小红书商城涵盖了美妆、时尚、家居等多个领域的商品,用户可以根据自己的需求和喜好在商城中浏览和购买。同时,小红书还通过数据分析和个性化推荐算法,为用户推送更符合其兴趣和需求的商品,提高了购物的精准度和满意度。

二、小红书平台的特征

(一)用户画像明确

小红书的用户群体以年轻女性为主,她们追求时尚、美妆、生活方式等方面的信息,具有较强的消费能力和购买意愿。这种明确的用户画像使得小红书在内容创作和运营策略上更加精准和高效。

1. 用户年龄分布

小红书的用户年龄分布特点显著,主要集中在 18—35 岁这一年龄段,占比高达 80% 以上。这一年龄段的用户正处于人生的黄金时期,对美好生活充满向往,渴望通过社交媒体获取有价值的信息,表达真实的自我。具体来说,在小红书中,18—24 岁的用户占比最高,达到了 40% 左右。这一年龄段的用户大多是在校大学生或刚步入职场的年轻人,他们思维活跃,接受新事物能力强,乐于分享生活点滴。对于这部分用户而言,小红书不仅是一个获取美妆、穿搭、美食等生活资讯的平台,更是一个记录和分享青春的空间。通过在小红书上发布笔记,与志同道合的朋友交流互动,他们获得了归属感和认同感。

25—30 岁的用户是小红书的另一个重要群体,占比达 30%。这一年龄段的用户大多已经步入职场,拥有一定的经济基础和消费能力。他们追求品质生活,注重个人形象,对美妆、护肤、穿搭等领域有着较高的关注度。小红书丰富的"种草"笔记和真实的用户评价,为他们提供了有价值的消费决策参考。同时,这部分用户也乐于分享自己的生活方式和消费心得,成为小红书上的 KOL。

值得注意的是,31—35 岁的用户在小红书上也占有一席之地,占比在 10%

左右。这部分用户通常已经成家立业,关注的话题更加多元化,涵盖育儿、家居、旅行、投资等多个方面。他们希望在小红书上找到与自己生活阶段相匹配的优质内容,获得感悟和启发。同时,这部分用户的消费能力较强,往往成为品牌合作的重点对象。

此外,35岁以上的用户在小红书上的占比相对较低,但随着平台的不断成熟和内容生态的日益丰富,这部分用户的数量也在稳步增长。他们关注的领域可能更加细分和垂直,如艺术、收藏、健康养生等。小红书多元化的内容生态,能够满足他们的个性化需求。

小红书独特的用户年龄分布特点,反映了平台的定位和优势。年轻化的用户群体,使得小红书成为引领潮流、分享时尚的风向标。同时,不同年龄段用户的共存,又让小红书呈现出包容、多元的特质。这种特点不仅为小红书带来了活力和创新动力,也为商家提供了精准营销的机会。

2. 用户兴趣偏好

小红书用户的兴趣偏好是平台运营策略制订的重要依据。通过对用户行为数据的深入挖掘和分析,可以发现小红书用户呈现出鲜明的个性化特征。他们热衷于探索新奇有趣的生活方式,对时尚、美妆、旅游等领域有着浓厚的兴趣。同时,小红书用户还表现出较强的互动性和参与感,乐于分享自己的真实体验和独到见解。

具体而言,在时尚领域,小红书用户偏好追踪潮流动向,关注明星红人的穿搭技巧,探索个性化的风格搭配。他们乐于尝试新品,分享购物心得,通过笔记、短视频等形式展示自己的时尚态度。在美妆方面,小红书用户关注美妆产品测评,热衷于了解护肤彩妆的使用技巧和心得体会。他们喜欢分享变美过程,记录护肤日常,展示妆容创意,形成了一种独特的美妆社交文化。

旅游是另一个备受小红书用户关注的兴趣领域。他们钟情于探索小众目的地,挖掘隐藏的美食美景,分享旅行攻略和真实体验。在小红书,你可以看到用户发布的各具特色的旅行笔记,从文字、图片到短视频,生动呈现了旅途中的点点滴滴。这些内容不仅为其他用户提供了出行灵感,也成了一种新的旅游社交方式。

除了以上领域,小红书用户的兴趣还延伸到美食、运动、家居、亲子等多个生活方式细分领域。他们乐于分享下厨心得、健身技巧、家居布置灵感,记录孕育过程和育儿经验。这些垂直领域的内容生产和互动,构建起了小红书独特的社区氛围。

深入洞察用户的兴趣偏好,对于小红书的精准运营和持续增长至关重要。平台可以据此优化内容分发机制,为用户推荐感兴趣的笔记和创作者;同时引导优质内容创作,激励用户参与互动,提升社区活跃度。此外,用户兴趣偏好也是广告投放和商业合作的重要依据。以用户需求为导向,定制个性化的营销策略,可以实现更高的转化率和投资回报。

3.用户行为习惯

在内容浏览方面,小红书用户表现出强烈的主动性和目的性。他们通常对感兴趣的话题和领域有明确的搜索意向,并能够运用关键词、话题标签等工具快速找到所需内容。同时,得益于小红书基于用户喜好和浏览历史的个性化推荐机制,用户能够持续接收到契合自身兴趣的优质内容,从而形成了高频、高黏性的使用习惯。

与内容浏览相伴而生的,是小红书用户积极参与互动和创作的行为特征。在评论区,用户乐于分享自己的真实体验和独到见解,通过与博主和其他用户的交流碰撞,获得认同感和归属感。许多用户还进一步成长为内容创作者,以图文、短视频等形式记录生活点滴,分享专业知识,表达个人态度。这种"人人都是生活家"的平台氛围,极大地激发了用户的参与热情和创造力。

此外,小红书用户在消费决策和购物行为上也呈现出鲜明的特点。相较于其他电商平台,小红书用户更加注重商品背后的使用体验和真实评价。他们习惯于通过"种草"笔记、评论等形式,综合了解商品的优缺点,并乐于与博主和其他用户分享自己的购买心得。这种注重口碑和社交属性的消费决策模式,使得小红书在带货和品牌塑造方面独具优势。

值得一提的是,小红书用户对平台的情感连接和忠诚度普遍较高。一方面,频繁的互动和个性化推荐让用户产生了强烈的参与感和归属感;另一方面,优质的内容和良好的社区氛围也提升了用户的使用体验和满意度。正是这种深度连接,让小红书用户形成了相对稳定的使用习惯,并乐于在生活中分享和推荐小红书。

小红书独特的用户行为习惯,既是平台定位和运营策略的结果,也反映了新一代年轻用户的个性化需求和互动偏好。对于平台而言,深入洞察和满足用户的行为特点,优化内容推荐和互动机制,提供更加个性化、社交化的服务,是保持用户活跃度和忠诚度的关键。同时,用户习惯的养成也为平台带来了更为稳固的竞争优势和品牌影响力。

（二）内容质量高

小红书鼓励用户分享高质量、有价值的内容，通过算法推荐机制，优质内容更容易获得曝光和互动。这种内容质量上的高标准不仅提升了平台的整体品质，还使得用户在使用过程中能够获得更好的体验和收获。例如，小红书上的美妆博主通常会分享详细的化妆教程、产品测评和使用心得，这些内容不仅具有高度的实用性和参考价值，还通过精美的图片和视频形式呈现，给用户带来了视觉上的享受。同样，旅行博主也会分享精彩的旅行故事、美景美食和实用攻略，这些内容不仅激发了用户的旅行欲望，还为他们提供了宝贵的出行参考。

小红书对内容质量的重视还体现在其对违规内容的严格把控上。平台通过机器识别和人工审核相结合的方式，对发布的内容进行严格的审核和筛选，确保平台上的内容符合法律法规和平台规范。这种对内容质量的严格把控不仅维护了平台的良好形象，还提升了用户对平台的信任度和依赖度。

（三）社交氛围浓厚

小红书营造了一种积极向上的社交氛围，用户之间的互动频繁且友好，形成了独特的社区文化。这种社交氛围不仅使得用户在平台上能够获得更多的乐趣和收获，还增强了用户对平台的归属感和认同感。例如，小红书上的用户经常会通过评论、私信等方式与其他用户进行交流和互动，分享彼此的心得和看法。这种互动不仅增强了用户之间的联系和友谊，还使得平台上的内容更加丰富和多样。

小红书还通过举办各种社区活动来增强用户的参与感和归属感。例如，平台会定期举办主题挑战赛、话题讨论等活动，鼓励用户积极参与并分享自己的作品和心得。这些活动不仅激发了用户的创造力和参与热情，还使得平台上的内容更加活跃和有趣。

（四）电商转化率高

由于小红书用户对平台上推荐的产品具有较高的信任度，因此电商转化率相对较高，为品牌和商家提供了良好的营销渠道。这种高转化率不仅得益于平台上的优质内容和用户互动，还得益于平台对电商业务的精准布局和运营。例如，小红书通过数据分析和个性化推荐算法，为用户推送更符合其兴趣和需求的商品，提高了购物的精准度和满意度。同时，平台还与众多品牌和商家建立合作关系，提供丰富的商品选择和优惠活动，进一步激发了用户的购物欲望和购买行为。

三、小红书平台的运营策略

（一）内容策略

1.高质量内容创作

鼓励用户创作高质量、有吸引力的内容是小红书内容策略的核心。平台通过提供丰富的创作工具和资源支持，引导用户分享有价值、有深度的内容。例如，小红书会定期发布创作指南和教程，帮助用户提升内容创作技巧和水平。同时，平台还会对优质内容进行推荐和展示，提高用户的曝光度和影响力。这种高质量内容创作策略不仅提升了平台内容的品质，还增强了用户对平台的信任和依赖。

2.热点话题跟进

结合当前热点话题和节日热点，策划相关内容，提高内容的时效性和互动性，是小红书内容策略的另一个重要方面。平台通过数据分析和趋势预测，及时捕捉用户关注的热点话题和节日热点，并据此策划相关内容和活动。例如，在春节期间，小红书会推出与春节相关的主题活动和内容推荐，如"春节美食攻略""春节旅行指南"等，吸引用户参与和互动。这种热点话题跟进策略不仅增强了平台上的内容时效性和互动性，还提高了用户的参与度和黏性。

（二）用户策略

1.精准用户画像

深入分析目标用户的年龄、性别、所处地域、兴趣偏好等，为内容创作和投放策略提供精准依据，是小红书用户策略的基础。平台通过数据分析和用户调研等方式，不断完善用户画像体系，实现对用户需求的精准洞察和预测。例如，小红书会根据用户的浏览历史和互动行为，推荐更符合其兴趣和需求的笔记和商品。这种精准用户画像策略不仅提高了内容投放的针对性和效果，还增强了用户对平台的满意度和忠诚度。

2.用户互动与留存

通过回复评论、私信沟通等方式，与用户建立良好的互动关系，提高用户满意度和忠诚度，是小红书用户策略的重要方面。平台鼓励用户积极参与互动和分享，通过回复评论、私信沟通等方式与用户建立紧密的联系。例如，当用户发布一篇笔记并收到评论时，平台会及时通知用户并鼓励其回复评论，增强与用户的互动和联系。同时，平台还会通过私信等方式与用户进行沟通和交流，了解用户的需求和反馈，进一步提升用户的满意度和忠诚度。

小红书的用户互动方式具有鲜明的社交属性。用户可以通过关注、私信等功能与感兴趣的博主建立联系，形成紧密的社交网络。在这个过程中，用户不仅能够获取有价值的信息和知识，更能与志同道合的伙伴交流互动，获得归属感和认同感。这种社交化的互动模式有助于增强用户黏性，提升用户对平台的忠诚度。

同时，小红书还鼓励用户积极参与内容生产和互动。通过发布笔记、参与话题讨论、进行"种草"和"拔草"等方式，用户可以表达自我、分享见解、传播经验。这种"人人都是内容创作者"的理念充分调动了用户的主观能动性，激发了创造力和参与热情。用户生产的优质内容反过来又吸引了更多用户的关注和互动，形成了良性循环。

此外，小红书还设计了许多有趣、创新的互动玩法。例如，通过"心得测评"功能，用户可以对某个产品或话题发表看法，并邀请其他用户参与评分和讨论。这不仅提升了用户互动的趣味性，也让平台聚合了海量真实、多元的用户反馈，为其他用户提供了有价值的参考。再如，"种草笔记"和"买家秀"等互动形式则巧妙地将内容和电商结合起来，引导用户自发分享购物体验，实现了内容"种草"和产品导购的无缝对接。

从运营的角度来看，小红书基于用户互动数据进行精准画像和行为分析，实现了千人千面的个性化内容推送。平台通过识别用户兴趣和互动行为，不断优化推荐算法，让每个用户都能看到最感兴趣、最有价值的内容。这不仅提升了用户的满意度，也为平台的精准营销和商业变现提供了有力支撑。

（三）合作策略

1.KOL/KOC 合作

选择与品牌调性相符的 KOL/KOC 进行合作，通过他们的影响力带动品牌传播和产品销售，是小红书合作策略的重要方面。平台通过数据分析和市场调研等方式，筛选出与品牌调性相符的 KOL/KOC 进行合作，共同打造有趣、有价值的内容。例如，某美妆品牌可以与小红书上的美妆博主合作，推出联名产品并分享使用心得和技巧，吸引用户关注和购买。这种 KOL/KOC 合作策略不仅提高了品牌的曝光度和影响力，还带动了产品销售和转化。

2.跨界合作

与其他领域的品牌或达人进行合作，共同打造有趣、有价值的内容，扩大品牌影响力和用户群体,是小红书合作策略的另一个重要方面。平台通过跨界合作的方式,将不同领域的品牌和用户群体连接起来,实现资源共享和互利共赢。例如,某时尚品牌可以与小红书上的旅行博主合作,推出联名旅行装备并分享旅行故事和攻略,吸引更多用户的关注和参与。这种跨界合作策略不仅丰富了平台上的内容生态,还提高了品牌的知名度和美誉度。

(四)数据策略

1. 数据分析与优化

利用小红书平台提供的数据分析工具,对用户行为、内容表现等进行深度剖析,根据数据分析结果优化内容策略和投放时机,是小红书数据策略的核心。平台通过数据分析工具对用户行为和内容表现进行实时监控和分析,及时发现问题和机会点,并据此调整内容策略和投放时机。例如,当发现某个话题的用户关注度较高时,平台可以及时调整内容策略,增加相关话题的推荐和展示;当发现某个时间段的用户活跃度较低时,平台可以调整内容投放时机,提高用户的参与度和黏性。

2. 精准投放广告

通过小红书聚光平台的功能和投放机制,制订精准的投放计划,提高广告的曝光率和点击率,是小红书数据策略的另一个重要方面。平台通过聚光平台提供的数据分析工具,对广告投放效果进行实时监控和优化,确保广告能够精准触达目标用户群体并提高转化率。例如,某美妆品牌可以通过聚光平台的数据分析工具,对广告投放效果进行实时监控和优化,调整投放策略和时间点,以提高广告效果。

第五节 网络直播平台

随着互联网技术的迅猛发展,网络直播已成为人们日常生活中不可或缺的一部分。它不仅为人们提供了即时、互动、多元的视听体验,还成为社交娱乐、信息传播、商业营销等领域的重要工具。网络直播平台的兴起,不仅改变了人们的娱乐方式,也为企业和个人提供了新的商业机会和发展空间。

一、网络直播平台的基本功能

（一）实时互动功能

网络直播平台的实时互动功能是其与传统媒体平台的显著区别之一。通过实时互动，主播和观众之间的空间限制被打破，建立起直接、亲密的沟通关系。这种沟通不仅发生在直播内容层面，更体现在情感交流和价值认同等方面。对观众而言，实时互动满足了他们表达观点、分享感受的需求，增强了其参与感和存在感。当观众的留言、评论得到主播的回应时，他们会感受到被重视、被认可，由此产生心理上的满足和归属感。同时，观众通过实时互动，还能影响直播内容的走向，一定程度上参与了直播的"生产"过程，这更能激发其主动性和积极性。

对主播而言，实时互动帮助其及时了解观众反馈，调整直播策略。通过与观众的交流互动，主播能够准确把握观众的喜好和需求，从而优化直播内容，提升直播效果。在互动过程中，主播的个人魅力和亲和力也得以充分展现，有利于增强观众黏性，建立稳固的"粉丝经济"。当观众从被动的欣赏者转变为积极的参与者时，其忠诚度和付费意愿也会显著提高。

此外，实时互动还能促进观众之间的连接和交往。哪怕素不相识，观众因共同的兴趣爱好聚集到直播间，通过弹幕、礼物、评论等方式建立起联系，形成基于兴趣的社群。例如，斗鱼直播平台的一些主播通过设置"鱼吧"来加强社区建设，进一步促进观众间的交流与互动。

从技术层面看，网络直播平台的实时互动得益于先进的音视频传输技术和即时通信技术。流媒体直播技术确保了音视频信号的低延迟传输，使主播与观众之间的互动更加实时、流畅。弹幕、礼物等互动方式的实现，也离不开实时计算、即时消息推送等技术的支持。随着5G、VR/AR等新技术在直播领域的应用，实时互动的形式和体验还将不断升级，带来更加沉浸式的互动效果。

（二）多媒体呈现特点

网络直播平台在多媒体呈现方面具有明显的特点和优势。相比传统的文字、图片等内容形式，网络直播平台能够提供更加丰富、立体、生动的视听体验。

首先，网络直播能够实时呈现直播的音视频画面，让用户身临其境地感受现场氛围。无论是主播的表情动作，还是背景环境的细节变化，都能够通过视频画面清晰地传递给观众。这种沉浸式的观看体验，大大增强了直播内容的吸引力和代入感。

其次，网络直播平台支持多种多媒体元素的融合展示。除了主播的视频画面，直播间还可以嵌入文字、图片、音效等多样化的内容形式。例如，主播可以在直播中实时分享PPT、展示图片、播放伴奏音乐等，丰富直播内容的表现力。同时，弹幕、礼物特效等互动元素的加入，也让直播画面更具动感。多媒体元素的有机结合，使得直播内容更加立体丰满，满足用户多感官的体验需求。

最后，移动互联网时代用户碎片化的媒体消费习惯，也对网络直播平台的多媒体呈现提出了更高要求。相比图文等静态内容，短视频、直播等富媒体形式更契合用户随时随地、快速便捷获取信息的需求。因此，网络直播平台需要不断优化多媒体内容的制作、传输和呈现质量，以适应5G、VR等新技术带来的机遇和挑战。例如，网络直播平台通过提升视频编解码技术、优化传输协议、改进渲染引擎等，提升了直播画面的清晰度、流畅度和稳定性，带给用户更加优质的观看体验。

（三）用户个性化设置

网络直播平台的用户个性化设置是平台运营的重要环节，它能够满足用户差异化的需求，提升用户的使用体验，增强用户黏性。用户个性化设置通常包括个人资料管理、界面布局定制、推送内容筛选等多个方面。

在个人资料管理方面，网络直播平台一般允许用户上传个人头像、设置昵称、编辑个人简介等，以彰显个人特色。有些网络直播平台还支持用户设置个性化标签，如兴趣爱好、擅长领域等，便于与志同道合的人建立联系。此外，隐私设置也是个人资料管理的重要内容，用户可以灵活控制个人信息的可见范围，保护自己的隐私安全。

界面布局定制让用户能够根据自己的使用习惯调整用户界面布局和视觉风格。例如，有的用户喜欢简洁明快的设计，有的用户则偏好色彩丰富的界面。再如，对于屏幕空间有限的移动端用户，合理的布局定制能够最大化信息呈现的效果。灵活的界面定制能力让用户感受到网络直播平台的人性化关怀，提升使用黏性。

推送内容筛选是个性化设置的另一个重点。庞大的直播内容库能够满足各种小众需求，但对于每个具体用户而言，其感兴趣的内容往往只占很小一部分。为了解决信息过载问题，网络直播平台普遍采用基于用户画像和行为分析的个性化推荐技术，自动为用户匹配感兴趣的主播和内容。同时，网络直播平台还提供丰富的筛选设置，允许用户自主勾选感兴趣的内容类别、屏蔽不感兴趣的视频，避免信息干扰。

个性化设置的意义还体现在对主播的赋能上。主播可以利用个性化布局、互动配置等工具，打造独特的直播间氛围，提升直播间的辨识度。例如，在游戏直播中，主播可以根据游戏特点设置不同的画面分割模式，配置专属的礼物特效，从而为观众带来沉浸式的观看体验。个性化设置也让主播能够更好地维系粉丝群体，增强社群凝聚力。

二、网络直播平台的运营策略

（一）内容策划与制作

优质的内容是吸引和留住用户的关键。网络直播平台应根据目标受众的兴趣和需求，策划和制作具有吸引力的直播内容。这包括选择热门话题、邀请知名主播、打造特色节目等。同时，网络直播平台还应注重内容的创新性和多样性，以满足不同用户的观看需求。

1. 关注热门话题

网络直播平台时刻关注社会热点和流行趋势，选择热门话题进行直播策划。通过邀请相关领域的专家或网红进行直播讲解或分享，吸引大量用户关注和参与。同时，网络直播平台还可以结合节日、纪念日等特殊时间节点进行主题直播策划，提升用户的参与感和归属感。

2. 引入知名主播

知名主播是吸引用户的重要因素之一。网络直播平台应签约知名主播，并提供资源支持，帮助他们提升影响力和粉丝数量。同时，网络直播平台还可以通过与主播合作举办线上线下活动等方式增加用户黏性和活跃度。

3. 设置特色节目

为了提升竞争力和吸引力，网络直播平台应打造具有特色的直播节目。这些节目可以是原创的娱乐节目、教育节目、文化节目等。通过不断创新节目形式和内容，满足观众的多元化需求并提升网络直播平台的品牌影响力。

（二）主播培养与管理

主播是网络直播平台成功的关键。网络直播平台应建立完善的主播招募、培训、激励机制，吸引和培养优秀的主播。通过提供专业培训、个性化包装、资源倾斜等方式，帮助主播提升专业素养和影响力。同时，网络直播平台还应加强对主播的管理和监督，确保他们遵守平台规定和法律法规。

1. 主播招募

网络直播平台应通过多种渠道招募优秀主播。这包括线上招募（如社交媒体、招聘网站等）和线下招募（如校园招聘、才艺比赛等）。在招募过程中，网络直播平台应注重对主播的专业素养、才艺水平和形象气质等方面进行综合评估，确保平台拥有高质量的主播资源。

2. 主播培训

为了提升主播的专业素养和直播能力，网络直播平台应为主播提供全面的培训支持。这包括直播技巧培训、语言表达培训、形象塑造培训等方面。通过定期举办培训班或邀请行业专家进行授课等方式帮助主播不断提升自己的直播能力。

3. 激励机制

为了激发主播的积极性和创造力，网络直播平台应建立完善的激励机制。这包括物质奖励（如分成比例提升、奖金发放等）和精神奖励（如荣誉称号授予、优秀主播评选等）。通过合理的激励机制可以吸引更多优秀的主播加入网络直播平台，并能促进他们持续创作出高质量内容，从而提升平台的活跃度。

（三）营销推广与合作

营销推广与合作是扩大网络直播平台知名度和吸引新用户的有效途径。网络直播平台应通过社交媒体、广告投放、线下活动等多种方式进行宣传推广提高品牌曝光度。此外，网络直播平台还可以与其他媒体平台或机构进行合作共同举办活动或推出联名产品以扩大用户基础和提升品牌影响力。

1. 社交媒体推广

社交媒体是推广网络直播平台的重要渠道之一。网络直播平台应充分利用微博、微信、抖音等新媒体平台进行宣传推广。通过发布直播预告、精彩片段、主播访谈等内容吸引用户关注和参与；同时还可以通过与社交媒体达人或网红合作进行联合推广扩大网络直播平台的影响力和知名度。

2. 广告投放

广告投放是快速提升网络直播平台知名度和用户数量的有效手段之一。网络直播平台可以通过搜索引擎广告、信息流广告、视频广告等多种方式进行广告投放，吸引潜在用户加入。例如，通过搜索引擎广告、信息流广告等形式，网络直播平台能够在合适的时机将相关内容推送给感兴趣的用户。

3. 合作推广

与其他平台或机构进行合作推广也是扩大网络直播平台知名度和用户基础的有效途径之一。例如，网络直播平台可以与电商平台合作推出联名商品或举办促销活动，吸引用户购买并增加网络直播平台的曝光度和用户黏性；同时，网络直播平台还可以与教育机构合作推出在线教育课程或直播讲座等内容满足用户的多元化需求并提升网络直播平台的品牌形象和影响力。

（四）盈利模式探索

盈利模式是网络直播平台持续发展的关键。除了传统的广告收入，网络直播平台还可以探索虚拟礼物、会员订阅、电商带货等多种盈利模式。通过提供多样化的增值服务满足用户的多元化需求，从而实现网络直播平台盈利最大化。

1. 广告收入

广告收入是网络直播平台最传统的盈利模式之一。网络直播平台可以通过在直播页面或相关位置展示广告内容获得广告收入，但应注重广告内容的精准投放和用户体验的平衡，避免过多的广告对用户造成干扰。

2. 虚拟礼物与会员订阅

虚拟礼物与会员订阅也是网络直播平台常见的盈利模式。用户可以通过购买虚拟礼物赠送给主播表达喜爱和支持之情；同时用户还可以通过订阅会员享受更多特权和服务，如专属表情包、高清画质、无广告观看等。通过提供多样化的虚拟礼物和会员特权，可以增加用户在网络直播上的付费意愿和黏性，从而实现盈利增长。

3. 电商带货

随着直播电商的兴起，越来越多的网络直播平台开始探索电商带货的盈利模式。主播可以在直播过程中推荐商品并推荐用户进行购买，从而获得商品销售佣金或提成。为了提高电商带货的效果，网络直播平台应注重商品的质量和选品的精准性，同时加强与电商平台的合作和资源整合，为用户提供更优质的购物体验和服务。

第四章　新媒体运营模块

本章全面覆盖了战略运营、市场运营、内容运营、用户运营、社群运营以及活动运营六大关键领域，系统详细地介绍了从宏观战略层面的规划布局到市场调研与定位分析、从高质量内容的创作与分发到深度挖掘用户需求与行为模式、从社群构建与维护的精髓到线上线下活动策划与执行的全流程。

第一节　战略运营

新媒体战略运营是在新媒体环境下，为实现长期发展目标而制订的全局性、长远性的规划和决策过程。企业品牌运营过程涉及社交媒体、视频分享平台、博客、播客、在线论坛等渠道，还涉及规划、实施并优化品牌传播、用户互动、内容营销及商业目标实现的策略性活动。这一过程旨在通过精准定位目标受众、创造并分发高质量内容、强化用户关系管理以及持续优化运营策略，提升品牌知名度、增强用户参与度、促进销售转化，最终实现商业价值的最大化。

一、新媒体战略运营的重要性

新媒体战略运营对于企业的长远发展具有重要意义。它不仅是企业在复杂多变的新媒体环境中保持竞争优势的关键，也是推动企业品牌建设和市场拓展的重要力量。

（一）明确定位与目标

新媒体战略运营能够帮助企业明确在新媒体领域的定位和目标。通过深入分析市场和用户需求，企业可以确定自身在新媒体市场中的位置，明确目标受众和细分市场，从而制订更具针对性的运营策略。

（二）指导资源配置

新媒体战略运营能够指导企业资源的合理配置。在资源有限的情况下，企业需要将资源集中在最具潜力的领域和项目上，以实现效益最大化。新媒体战略运营通过明确目标和策略，为企业资源的分配提供了科学的依据，避免了资源的浪费和错配。

（三）提升市场竞争力

新媒体战略运营能够提升企业的市场竞争力。通过制订科学的运营策略，企业可以更有效地满足用户需求，提升用户体验，从而赢得用户的信任。同时，新媒体战略运营还能够帮助企业发现市场机遇，把握市场趋势，及时调整运营策略，保持竞争优势。

（四）增强品牌影响力

新媒体战略运营对于提升品牌影响力具有重要作用。通过在新媒体平台上持续输出高质量的内容，企业可以塑造积极的品牌形象，增强品牌的知名度和美誉度。此外，新媒体战略运营还能够通过跨平台整合和精准营销等手段，扩大品牌的影响力，提升品牌的市场价值。

二、新媒体战略运营的过程

新媒体战略运营的过程是一个系统而复杂的过程，需要企业从多个维度进行深入分析和规划。

（一）环境分析

环境分析是新媒体战略运营过程的第一步。企业需要对宏观环境、行业环境及竞争态势进行全面分析，以识别机遇与威胁。

宏观环境分析（PEST）主要包括政治、经济、社会、技术等方面的分析。企业需要关注国家政策法规的变化、经济发展趋势、社会文化背景以及技术革新等因素对新媒体运营的影响。

行业环境分析主要关注新媒体行业的市场规模、增长率、竞争格局、发展趋势等。通过对行业环境的深入分析，企业可以了解自身在行业中的位置，把握行业的发展趋势，为制订发展战略提供依据。

竞争态势分析主要关注竞争对手的优劣势、市场策略、产品特点等。通过对竞争对手的深入分析，企业可以发现自身的差距和不足，制订更具针对性的竞争策略。

（二）内部资源评估

内部资源评估是新媒体战略运营过程的第二步。企业需要对自身的资源、能力和核心竞争力进行全面评估，以明确优势与劣势。

资源评估主要关注企业的人力、物力、财力等资源状况。企业需要了解自身资源的总量、结构、分布及利用效率等情况，为资源的合理配置提供依据。

能力评估主要关注企业的研发能力、生产能力、营销能力、管理能力等。通过对企业各项能力的评估，企业可以了解自身在运营管理方面的优势和不足，为制订发展战略提供指导。

核心竞争力评估主要关注企业在市场竞争中的独特优势。企业需要识别自身的核心竞争力，如品牌优势、技术优势、渠道优势等，并围绕核心竞争力制订发展战略。

（三）目标设定

目标设定是新媒体战略运营过程的第三步。企业需要根据环境分析和内部资源评估的结果，设定新媒体战略的长远目标和短期目标。

长远目标是企业在新媒体领域发展的总体方向和目标。企业需要明确自身在新媒体市场中的定位，确定未来的发展愿景和战略目标，如成为行业领导者、提升品牌影响力等。

短期目标是企业在实现长远目标过程中需要达成的阶段性目标。企业需要设定具体的、可衡量的、可实现的、相关性强的、时限明确的（SMART）短期目标，如粉丝数量增长、阅读量提升、转化率提高等。

（四）策略制订

策略制订是新媒体战略运营过程的第四步。企业需要根据目标设定的结果，制订实现目标的策略，包括内容策略、平台策略、用户策略等。

内容策略主要关注企业在新媒体平台上发布的内容类型、风格、频率等。企业需要制订具有吸引力和感染力的内容计划，确保内容的一致性和连贯性，塑造独特的品牌风格。

平台策略主要关注企业在新媒体平台上的选择、布局和运营。企业需要根据目标受众和内容特点，选择合适的新媒体平台，并进行有效的布局和运营，以扩大内容的曝光度和影响力。

用户策略主要关注企业在新媒体平台上的用户互动和社群运营。企业需要建立有效的用户互动机制，及时回复用户的评论和私信，举办线上活动，增强用户的参与感和忠诚度。同时，企业还需要建立用户反馈平台，收集和分析用户意见，持续优化产品和服务。

（五）实施与监控

实施与监控是新媒体战略运营过程的最后一步。企业需要制订实施计划，明确责任分工，建立监控机制，确保战略的有效执行。

实施计划主要关注战略执行的具体步骤和时间表。企业需要制订详细的实施计划，明确各项任务的执行时间、责任人和预期成果，确保战略的有序推进。

责任分工主要关注战略执行过程中的任务分配和职责明确。企业需要根据实施计划，将各项任务分配到具体的部门和岗位，明确各岗位的职责和权限，确保战略的顺利执行。

监控机制主要关注战略执行过程中的数据收集和分析。企业需要建立有效的监控机制，定期收集和分析相关数据，如粉丝增长、阅读量、转化率等，以评估战略的执行效果。同时，企业还需要根据数据分析结果，及时调整策略，优化运营效果。

三、新媒体战略运营的关键要素

（一）市场定位

市场定位是新媒体战略运营的基础。企业需要明确自身在新媒体市场中的位置，选择合适的目标受众和细分市场，以确保运营策略的有效性和针对性。市场定位需要考虑企业的核心竞争力、用户需求和市场趋势等因素，确保企业在市场中占据有利位置。

（二）内容创新

内容创新是新媒体战略运营的核心。企业需要持续创新内容，满足用户需求，提升用户体验。内容创新需要关注内容的多样性、趣味性和实用性等方面，以吸引用户的关注和参与。同时，企业还需要注重内容的原创性和独特性，塑造独特的品牌风格，增强品牌的识别度和影响力。

（三）平台整合

平台整合是新媒体战略运营的重要手段。企业需要整合各类新媒体平台，实现资源的最优配置和效益最大化。平台整合需要考虑不同平台的特征和用户群体,制订差异化的运营策略。同时,企业还需要注重跨平台的协同和互动,提升整体运营效果。

(四)数据分析

数据分析是新媒体战略运营的关键环节。企业需要运用数据分析工具,监控战略执行情况,及时调整策略。数据分析需要关注用户行为数据、运营数据和市场数据等方面,以深入了解用户需求和市场趋势。通过数据分析,企业可以发现运营过程中的问题和不足,优化运营策略,提升运营效果。

第二节 市场运营

市场运营是企业在新媒体环境下,通过市场调研、用户分析、竞争分析等手段,制订市场策略,实现市场拓展和品牌建设的过程。本节将深入探讨新媒体市场运营的核心要素、策略及实施步骤,并给出具体建议,为企业实际应用提供参考。

一、新媒体市场运营的核心要素

新媒体市场运营的核心要素主要包括市场调研、用户分析和竞争分析,这些要素为企业制订市场运营策略提供了坚实的基础。

(一)市场调研

市场调研是了解市场需求、用户行为及竞争态势的重要手段。通过市场调研,企业可以掌握市场趋势,识别潜在机会,为市场运营策略制订提供依据。市场调研的内容通常包括以下几方面。

①市场规模与增长潜力:了解目标市场的规模、增长趋势以及未来发展潜力,帮助企业判断市场是否值得投入资源。

②用户需求与偏好:通过问卷调查、访谈等方式,收集用户对产品或服务的需求、偏好及改进建议,为产品开发和优化提供依据。

③竞争态势分析:分析竞争对手的市场份额、产品特点、营销策略等,识别竞争对手的优势和劣势,为制订差异化市场运营策略提供参考。

(二)用户分析

用户分析是通过用户画像、用户行为分析等手段,深入了解用户需求的过程。

用户分析有助于企业更精准地定位目标用户，制订符合用户需求的营销策略。用户分析的内容通常包括以下几方面。

①用户画像：通过收集用户的基本信息、兴趣爱好、消费习惯等数据，构建用户画像，帮助企业了解目标用户的特征和需求。

②用户行为分析：分析用户在新媒体平台上的行为轨迹，如浏览、点击、分享、评论等，了解用户的行为习惯和偏好，为内容创作和投放提供依据。

③用户需求挖掘：通过用户调研、数据分析等手段，深入挖掘用户的潜在需求，为产品创新和服务优化提供方向。

用户分析需要借助数据分析工具和技术手段，如大数据分析、人工智能等，以提高分析的准确性和效率。

（三）竞争分析

竞争分析是分析竞争对手的策略、优势及劣势，制订差异化市场运营策略的过程。通过竞争分析，企业可以了解竞争对手的市场动态，避免盲目竞争，提升自身的市场竞争力。竞争分析的内容通常包括以下几方面。

①竞争对手识别：明确主要竞争对手，了解竞争对手的基本情况，如企业规模、市场份额、产品特点等。

②竞争对手策略分析：分析竞争对手的营销策略、产品策略、价格策略等，了解竞争对手的优势和劣势。

③差异化市场运营策略制订：根据竞争对手策略分析的结果，制订差异化市场运营策略，如产品创新、服务优化、渠道拓展等，以突出企业的竞争优势。

竞争分析需要持续进行，以跟踪竞争对手的动态变化，及时调整企业的市场运营策略。

二、新媒体市场运营的策略

新媒体市场运营的策略主要包括定位策略、推广策略和渠道策略，这些策略共同构成了企业在新媒体市场中的竞争优势。

（一）定位策略

定位策略是明确产品或服务在新媒体市场中的定位，突出差异化优势的过程。定位策略有助于企业明确目标用户和未来发展方向，为后续的推广和渠道选择提供依据。定位策略的内容通常包括以下几方面。

①目标市场选择：根据市场调研和用户分析的结果，选择具有潜力的目标市场，明确企业的未来发展方向。

②差异化优势确定：分析产品或服务的特点和优势，确定与竞争对手相比的差异化优势，如技术创新、服务优化、价格优势等。

③品牌形象塑造：通过品牌宣传、口碑营销等手段，塑造独特的品牌形象，提升品牌知名度和美誉度。

定位策略的制订需要企业充分考虑自身情况和市场环境，确保定位的准确性和可行性。

（二）推广策略

推广策略是通过广告投放、KOL合作、内容营销等手段，提升品牌知名度和曝光率的过程。推广策略有助于企业快速占领市场，吸引目标用户。推广策略的内容通常包括以下几方面。

①广告投放：选择合适的新媒体平台，进行广告投放，如搜索引擎、社交媒体等，提升品牌曝光率。

② KOL合作：与具有影响力的KOL合作，通过KOL的推荐和分享，吸引目标用户，提升品牌信任度。

③内容营销：创作高质量的内容，如文章、视频、图片等，通过新媒体平台进行传播，吸引用户关注和分享，提升品牌影响力。

推广策略的制订需要企业根据目标用户和市场需求选择合适的推广方式和渠道，确保推广效果的最大化。

（三）渠道策略

渠道策略是选择合适的新媒体平台，实现精准营销和高效转化的过程。渠道策略有助于企业更精准地触达目标用户，提升营销效果。渠道策略的内容通常包括以下几方面。

①渠道选择：根据目标用户的特点和行为习惯，选择合适的新媒体平台，如社交媒体、短视频平台、新闻客户端等。

②渠道优化：对选择的渠道进行优化，如调整投放时间、优化广告内容、提高用户体验等，提升渠道的转化率和回报率。

③渠道整合：将多个渠道进行整合，形成协同效应，提升整体营销效果。例如，将社交媒体和短视频平台进行整合，通过短视频引流到社交媒体，再通过社交媒体进行用户互动和转化。

渠道策略的制订需要企业充分考虑目标用户的媒体使用习惯和渠道特点，确保渠道选择的准确性和有效性。

三、新媒体市场运营的实施步骤

新媒体市场运营的实施步骤包括目标设定、策略制订、执行计划以及监控与调整，这些步骤共同构成了新媒体市场运营的完整流程。

（一）目标设定

目标设定是明确市场运营的目标，如品牌知名度提升、用户增长等的过程。目标设定有助于企业明确运营方向，为后续的策略制订和执行提供依据。目标设定的内容通常包括以下几方面。

①短期目标：设定短期内可实现的目标，如一个月内新增粉丝数量、阅读量等。

②中期目标：设定中期内可实现的目标，如一个季度内品牌知名度提升、用户活跃度提高等。

③长期目标：设定长期内可实现的目标，如一年内市场份额提升、用户忠诚度提高等。

目标设定需要企业充分考虑自身情况和市场环境，确保目标的合理性和可实现性。

（二）策略制订

策略制订是根据核心要素分析，制订具体的市场运营策略的过程。策略制订需要企业综合考虑市场调研、用户分析和竞争分析的结果，确保策略的针对性和有效性。策略制订的内容通常包括以下几方面。

①定位策略制订：根据目标市场和差异化优势，制订明确的定位策略，如品牌形象塑造、目标用户定位等。

②推广策略制订：根据目标用户和市场需求，选择合适的推广方式和渠道，制订具体的推广计划。

③渠道策略制订：根据目标用户的媒体使用习惯和渠道特点，选择合适的渠道并进行优化和整合，制订具体的渠道策略。

策略制订需要企业充分发挥团队智慧和创新能力，确保策略的独特性且具备一定的竞争力。

（三）执行计划

执行计划是设定时间节点、明确责任分工、进行资源调配等的过程。执行计划有助于企业市场运营策略的有效实施，提升市场运营效率。执行计划的内容通常包括以下几方面。

①设定时间节点：根据策略制订的要求，设定具体的时间节点，如广告投放时间、内容发布时间等。

②明确责任分工：明确各团队成员的职责和任务分工，确保各项工作有序进行。

③进行资源调配：根据执行计划的要求，调配必要的资源，如人力、物力、财力等，确保各项工作顺利开展。

执行计划需要企业充分考虑实际情况和运营需求，确保计划的可行性和有效性。

（四）监控与调整

监控与调整是建立监控机制、跟踪策略执行情况、及时调整优化的过程。监控与调整有助于企业市场运营策略的有效实施，提升市场运营效果。监控与调整的内容通常包括以下几方面。

①数据收集与分析：通过数据分析工具和技术手段，收集市场运营数据，如用户增长数据、转化率数据等，并进行深入分析。

②效果评估：根据数据分析结果，评估市场运营策略的效果，如品牌知名度提升情况、用户增长情况等。

③策略调整：根据效果评估结果，及时调整市场运营策略，如优化推广方式、调整渠道选择等，以确保市场运营效果的最大化。

监控与调整需要企业持续关注市场动态和用户需求变化，确保策略的灵活性和适应性。

第三节　内容运营

内容运营是新媒体运营的核心环节之一，通过策划、创作、发布、优化内容，吸引用户关注，提升用户黏性，实现品牌传播和商业价值。本节将深入探讨新媒体内容运营的原则、策略及优化方法，并结合学术图书的新媒体运营进行分析。

一、新媒体内容运营的原则

在新媒体内容运营中，遵循一定的原则至关重要，这些原则能够指导我们更好地创作和传播内容，从而吸引并留住用户。

（一）用户导向

用户导向是新媒体内容运营的首要原则。这意味着我们需要深入了解目标用户的需求、兴趣和偏好，以用户需求为中心进行内容创作。只有当我们创作的内容真正符合用户的期待和兴趣时，才能吸引用户的关注并提升用户的黏性。

用户导向的内容运营要求我们在策划内容之前要进行充分的市场调研和用户画像分析。通过问卷调查、访谈、数据分析等方式，了解目标用户的年龄、性别、职业、兴趣爱好、消费习惯等信息，从而更准确地把握用户的需求和痛点。例如，针对学术图书的目标受众——学者、研究人员和学生，我们可以策划一些与学术研究、学术动态相关的内容，以满足他们的专业需求。

（二）质量优先

在新媒体时代，信息海量且繁杂，用户对于内容质量的要求越来越高。因此，质量优先成为新媒体内容运营的重要原则。我们需要注重内容的质量和深度，提升用户体验和满意度，从而树立品牌形象，增强用户黏性。

质量优先的内容运营要求我们在创作内容时，追求原创性、专业性和实用性。原创性意味着我们要创作具有独特视角和观点的内容，避免抄袭和模仿；专业性则要求我们在内容中融入专业知识和行业洞察，提升内容的权威性和可信度；实用性则强调内容要能够解决实际问题或提供有价值的建议，让用户在阅读后有所收获。

（三）创新引领

新媒体内容运营需要不断创新，以保持新鲜感和吸引力。创新引领的原则要求我们在内容形式和表现手法上不断探索和尝试，打破传统框架，创造出更具创意和吸引力的内容。

创新引领的内容运营可以通过多种方式实现。例如，我们可以尝试运用短视频、直播、H5互动页面等新媒体形式，使内容更加生动有趣；也可以结合热点话题、节日庆典等时机，策划具有时效性和话题性的内容；还可以邀请行业专家、意见领袖等进行访谈或合作，提升内容的权威性和影响力。

二、新媒体内容运营的策略

（一）内容策划

内容策划是新媒体内容运营的第一步，它涉及确定内容的主题、形式、发布时间和渠道等。好的内容策划能够确保内容的有序发布和有效传播。

在内容策划时，我们需要考虑品牌定位和目标受众。品牌定位决定了内容的整体风格和调性，而目标受众则决定了内容的主题和形式。例如，对于学术图书的新媒体运营，我们可以将品牌定位为"专业、权威、深度"，内容主题则围绕学术研究、学术动态等进行策划。同时，我们还可以结合热点话题和节日庆典等时机，策划具有时效性和话题性的内容，吸引用户的关注。

（二）内容创作

内容创作是新媒体内容运营的核心环节，它涉及文字、图片、视频等多种形式的创作。好的内容创作能够提升用户体验和满意度，增强用户黏性。

在内容创作环节，我们不仅要关注内容的核心质量，还需要思考如何通过创作形式的多样性来增强用户的体验感。内容的原创性是内容创作的基础，要求我们在不断创新中呈现与众不同的视角，避免重复和抄袭；专业性则是提升内容价值的关键，它要求我们深入挖掘行业的知识和经验，为用户提供有深度的见解；而实用性则是衡量内容是否能够实际帮助用户的标准，内容应当具备为用户解决问题或提供实用建议的能力。

在形式上，我们可以根据不同的目标受众选择合适的呈现方式。例如，图文并茂的内容能够帮助用户更好地理解信息，增强视觉吸引力；而短视频和直播的形式则能够打破传统内容消费的界限，通过更生动、互动的方式吸引用户参与。通过这些不同的创作手段，不仅能够提高内容的多样性，还能使用户更加投入并保持较长时间的互动。

（三）内容发布

内容发布是新媒体内容运营的关键环节，它涉及选择合适的发布时间和渠道，确保内容的有效传播。好的内容发布能够提升内容的曝光度和影响力，吸引更多用户的关注。

在内容发布环节，我们需要考虑目标受众的活跃时间和使用习惯。例如，对于学术图书的目标受众——学者、研究人员和学生，他们通常在工作时间和晚上较为活跃，因此我们可以选择在这些时间段发布内容。同时，我们还需要考虑不同新媒体平台的特征和用户群体，选择合适的发布渠道。例如，微信公众号适合深度阅读和互动，抖音则更适合短视频传播。

（四）内容优化

内容优化是新媒体内容运营中持续存在的环节，它涉及根据用户反馈和数据分析不断优化内容质量和传播效果。好的内容优化能够提升用户体验和满意度，增强用户黏性。

在内容优化环节，我们需要关注用户反馈和数据分析结果。用户反馈可以帮助我们了解用户对内容的喜好和痛点，从而调整内容策略；数据分析则可以揭示用户的行为模式和偏好趋势，为内容优化提供数据支持。例如，我们可以根据阅读量、点赞量、评论量等数据指标，评估不同内容策略的效果，选择最优方案进行推广。

三、新媒体内容运营的优化方法

新媒体内容运营需要不断优化和改进，以适应市场变化和用户需求。以下是一些常用的新媒体内容运营优化方法。

（一）数据分析

数据分析是新媒体内容运营的重要工具，它可以帮助我们了解用户行为和需求，指导内容优化。通过收集和分析用户数据，我们可以揭示用户的偏好趋势、行为模式和消费习惯等信息，为内容策划和创作提供数据支持。

在数据分析时，我们需要关注用户的基本信息、活跃时间、使用习惯、内容偏好等指标。例如，通过用户画像分析，我们可以了解目标用户的年龄、性别、职业、兴趣爱好等信息；通过行为数据分析，我们可以了解用户的活跃时间、使用频率、内容偏好等行为模式。这些信息可以帮助我们更准确地把握用户需求，制订更具针对性的内容策略。

（二）A/B 测试

A/B 测试是一种常用的新媒体内容运营优化方法，通过对比不同内容策略的效果，选择最优方案进行推广。A/B 测试可以帮助我们了解用户对不同内容的偏好和反应，从而优化内容质量和传播效果。

在进行 A/B 测试时，我们需要确定测试目标和变量。测试目标可以是提升阅读量、点赞量、评论量等指标；变量则可以是内容标题、封面图片、发布时间等因素。然后，我们将用户随机分为两组，分别实施不同的内容策略，并收集数据进行分析。通过对比两组数据的结果，我们可以选择效果更好的内容策略进行推广。

（三）用户互动

用户互动是新媒体内容运营的重要环节，它可以增强用户的参与感和忠诚度，提升用户黏性。通过加强与用户的互动，我们可以收集用户反馈，了解用户需求和痛点，为内容优化提供灵感和方向。

在用户互动环节，我们需要关注用户的评论、私信、点赞、分享等行为。及时回复用户的评论和私信，表达感谢和关注；积极点赞和分享用户的内容，增强用户的归属感和认同感。此外，我们还可以举办线上活动，采用问答、投票等形式，与用户进行互动和交流，提升用户的参与感和互动性。

第四节 用户运营

一、新媒体用户运营的原则

（一）用户至上

用户至上原则是新媒体用户运营的核心。在竞争激烈的市场环境中，用户的需求和体验是决定产品成败的关键因素。因此，新媒体运营者必须深入了解用户，关注他们的需求和痛点，提供个性化、高质量的服务和体验。

首先，新媒体运营者需要通过各种渠道收集用户反馈，包括社交媒体、客服系统、用户调研等。这些反馈可以帮助新媒体运营者了解用户对产品和服务的看法，发现存在的问题和改进的空间。

其次，新媒体运营者需要根据用户反馈进行产品优化和服务升级。例如，针对用户提出的功能需求，开发团队可以迅速响应并开发新功能；针对用户反馈的服务问题，客服团队可以加强培训，提高服务质量。

最后，新媒体运营者还需要通过持续的用户关怀和互动，增强用户的归属感和忠诚度。例如，定期向用户发送关怀信息、举办线上活动、提供个性化推荐等，都可以有效提升用户的满意度和黏性。

（二）精细化运营

精细化运营是新媒体用户运营的重要手段。由于用户群体具有多样性和差异性，新媒体运营者需要针对不同用户群体制订个性化的运营策略，以满足不同用户的需求和偏好。

首先，新媒体运营者需要通过数据分析工具对用户进行细分。根据用户的年龄、性别、所处地域、兴趣、行为习惯等特征，将用户划分为不同的群体。例如，可以将年轻用户划分为一个群体，将中老年用户划分为另一个群体；可以将对科技感兴趣的用户划分为一个群体，将对时尚感兴趣的用户划分为另一个群体。

其次，新媒体运营者需要根据不同用户群体的特征制订个性化的运营策略。例如，针对年轻用户群体，可以推出更加时尚、有趣的内容和活动；针对中老年用户群体，可以推出更加实用、注重养生的内容和服务。

最后，新媒体运营者还需要通过 A/B 测试等方法不断优化用户运营策略。通过对比不同策略的实施效果，找出最优的用户运营方案，并持续进行迭代和优化。

（三）数据驱动

数据驱动是新媒体用户运营的重要支撑。通过运用数据分析工具，新媒体运营者可以深入了解用户行为、评估运营效果，并据此指导用户运营决策和优化。

首先，新媒体运营者需要收集和分析用户行为数据，包括用户的访问量、停留时间、点击率、转化率等关键指标。这些数据可以帮助新媒体运营者了解用户的行为习惯和偏好，为制订运营策略提供依据。

其次，新媒体运营者需要运用数据分析工具进行用户画像构建。通过整合用户的基本信息、行为数据、偏好数据等，构建出详细的用户画像。这些画像可以帮助新媒体运营者更深入地了解用户需求，为个性化运营提供支撑。

最后，新媒体运营者还需要根据数据分析结果调整和优化用户运营策略。例如，如果发现某个渠道的用户转化率较低，可以考虑增加投放量或优化投放策略；如果发现某个内容类型的用户参与度较高，可以考虑增加类似内容的产出。

二、新媒体用户运营的策略

（一）用户拉新

用户拉新是新媒体用户运营的首要任务。通过有效的拉新策略，可以吸引更多新用户关注产品，扩大用户基础。

首先，新媒体运营者可以通过广告投放吸引新用户。选择合适的广告平台和投放渠道，制订科学的投放策略，确保广告能够精准触达目标用户群体。例如，可以选择在社交媒体、搜索引擎、新闻资讯等平台上投放广告，吸引潜在用户的关注。

其次，新媒体运营者还可以通过社交媒体推广吸引新用户。利用微博、微信、抖音等新媒体平台的传播优势，发布有趣、有价值的内容，吸引用户关注和转发。同时，可以与其他社交媒体账号进行合作推广，扩大品牌曝光度和影响力。

（二）用户留存

用户留存是新媒体用户运营的关键环节。通过提升用户黏性，可以减少用户流失，保持用户活跃度。

首先，新媒体运营者需要提供优质的内容。内容质量是吸引用户留存的重要因素。新媒体运营者需要深入了解用户需求，根据用户偏好和兴趣制订内容策略，产出有价值、有趣、有深度的内容。同时，还需要注重内容的多样性和创新性，以满足不同用户的需求和期望。

其次，新媒体运营者还需要通过互动活动提升用户黏性。例如，可以举办线上问答、投票、抽奖等活动，与用户进行互动和交流。这些活动可以增强用户的参与感和归属感，提高用户的满意度和忠诚度。

（三）用户促活

用户促活是新媒体用户运营的重要任务。通过激活沉睡用户，可以提高用户活跃度，增加用户价值。

首先，新媒体运营者需要定期推送内容。根据用户的订阅偏好和兴趣标签，定期向用户推送相关内容。这些内容可以是文章、图片、视频等多种形式，旨在吸引用户的关注和阅读。通过定期推送内容，可以保持与用户的联系和互动，提高用户的活跃度和参与度。

其次，新媒体运营者还可以通过举办线上活动激活沉睡用户。例如，可以举办线上讲座、直播、互动游戏等活动，邀请用户参与和互动。这些活动可以吸引沉睡用户的关注，激发他们的兴趣和参与欲望。

（四）用户转化

用户转化是新媒体用户运营的最终目标。通过引导用户参与商业活动、购买产品等方式，可以实现商业价值，为企业带来收益。

首先,新媒体运营者可以通过引导用户参与商业活动实现转化。例如,可以举办限时折扣、满减优惠、积分兑换等活动,激励用户购买产品或服务。同时,还可以与其他品牌或商家进行合作推广,共同举办联合营销活动,吸引更多用户参与和购买。

其次,新媒体运营者还可以通过内容营销实现转化。通过产出有价值、有趣、有深度的内容,吸引用户的关注和阅读。在内容中嵌入产品或服务的推荐和链接,引导用户进行购买或咨询。这种方式可以潜移默化地影响用户决策,提高转化率和销售额。

三、新媒体用户运营的实施步骤

(一)用户画像构建

用户画像构建是新媒体用户运营的基础工作。通过构建用户画像,可以深入了解用户需求和偏好,为制订个性化运营策略提供依据。

首先,新媒体运营者需要收集用户数据。包括用户的基本信息(如年龄、性别、所处地域等)、行为数据(如访问量、停留时间、点击率等)和偏好数据(如兴趣标签、购买记录等)。这些数据可以通过用户注册、浏览行为、购买行为等多种方式获取。

其次,新媒体运营者需要运用数据分析工具对用户数据进行处理和分析。通过数据清洗、数据挖掘、数据分析等步骤,提取出有用的信息并进行可视化展示。例如,可以通过绘制用户行为路径图、用户偏好分布图等方式展示用户行为和偏好特征。

最后,新媒体运营者需要根据分析结果构建用户画像。将用户的基本信息、行为特征和偏好特征整合在一起形成详细的用户画像。这些画像可以帮助新媒体运营者更深入地了解用户需求和行为习惯,为制订个性化运营策略提供支撑。

(二)策略制订

策略制订是新媒体用户运营的关键环节,其目标是根据用户画像制订个性化的运营策略,以满足不同用户的需求。

首先,新媒体运营者需要对用户进行精准的群体划分。例如,在一个电商平台的案例中,年轻女性用户群体可能对时尚和新品关注度更高,而年长用户群体则对生活便利和性价比更感兴趣。根据这些特征,新媒体运营者可以将用户分为时尚追随者和实用主义者两个群体,从而分别制订差异化的用户运营策略。

其次，新媒体运营者需要根据细分群体的需求和行为特点制订个性化的运营策略。例如，对于时尚追随者群体，可以推出专门的时尚搭配内容或定期的新品推广活动；而对于实用主义者群体，则可以推送优惠信息、使用教程、产品功能解析等有助于提升用户购物决策的内容。在内容呈现方面，针对时尚追随者群体，可以推送精美的视觉内容；而对于实用主义者群体，则可以采用简洁明了、数据驱动的方式展示产品优势。

最后，新媒体运营者还需要选择适合的渠道投放内容。例如，针对时尚追随者群体，适合通过小红书、抖音等平台进行推广；而对于实用主义者群体，通过微信群或电子邮件发送产品推荐、促销信息可能更为合适。

（三）执行计划

执行计划是确保新媒体用户运营策略顺利实施的基础，它可以明确每项任务的责任、时间安排和进度控制，确保新媒体用户运营策略能够在实际运营中得到有效执行。

首先，新媒体运营者需要明确每项任务的责任分工。例如，在一个汽车品牌的推广活动中，可能有多个部门参与其中：内容创作团队负责制作视频和文案，广告投放团队负责选择平台和投放策略，数据分析团队负责收集和解读效果数据。每个团队的责任需要提前明确，以确保所有工作环节的协调。

其次，制订具体的时间节点和进度安排也至关重要。在上述汽车品牌案例中，活动的时间表可能包括：第一周完成创意和内容发布，第二周启动广告投放并跟踪初步效果，第三周进行效果评估并调整策略。在此过程中，新媒体运营者需要监控每个环节的进展，确保每一项任务按照预定时间进行。

最后，为了确保高效执行，新媒体运营者需要制订详细的执行计划表。在执行计划表中，所有任务的责任人、时间节点、进度安排都要清晰列出，以便团队成员明确自己的工作任务，并能在日常工作中保持高效协作。

（四）监控与调整

监控与调整是新媒体用户运营中的持续改进过程。通过不断评估新媒体用户运营策略执行的效果，新媒体运营者可以及时做出调整，以优化运营结果。

首先，新媒体运营者需要建立一个实时的数据监控系统。在实际操作中，可以选择通过百度统计、Google Analytics等工具来监控网站访问量、用户行为、互动情况等关键数据。例如，在一款新应用推广中，新媒体运营者可以监控某一特定时间段内用户的下载量和使用频率。如果发现某一时间段的用户活跃度较低，可以考虑调整推广时间或更换广告创意，以提升推广效果。

其次，根据监控数据，新媒体运营者需要进行新媒体用户运营策略调整。以某款手游的推广为例，如果监控结果显示某种类型的广告素材反响平平，而另一种类型的内容反响热烈，新媒体运营者可以快速调整广告投放策略，加大对后者的投入。同时，如果发现某一渠道的转化率较低，新媒体运营者则可以考虑增大投放量或改变广告形式，提升转化效果。

最后，新媒体运营者还需要建立定期复盘机制。例如，针对一个季度的线上促销活动，团队可以在活动结束后进行复盘，回顾活动中的亮点与不足，总结成功的因素，如广告投放时间的选择、内容的创意设计等，以及哪些部分可以改进，如互动环节设计、用户体验优化等。这些经验和教训可以为未来的运营活动提供宝贵的参考。

第五节　社群运营

社群运营是通过建立和管理社群，增强用户之间的联系和互动，提升用户黏性和忠诚度的重要手段。本节将深入探讨新媒体社群运营的原则、策略及实施步骤，旨在为读者提供一套系统且实用的社群运营指南。

一、新媒体社群运营的原则

（一）价值导向

在新媒体社群运营中，价值导向是核心原则之一。社群成员加入社群的初衷往往是为了获取有价值的信息、资源或服务。因此，社群运营者必须持续提供高质量的内容和服务，这包括行业动态、专业知识、实用技巧、优惠活动等，以满足社群成员的需求。通过不断输出有价值的内容，社群运营者能够建立起与社群成员之间的信任关系，进而提升社群的凝聚力和活跃度。

在价值导向原则指导下，社群运营者需要进行深入的市场调研和用户需求分析，了解社群成员的兴趣点、痛点和期望。在此基础上，制订有针对性的内容策略和服务方案，确保所提供的内容和服务能够精准匹配社群成员的需求。同时，社群运营者还应保持敏锐的市场洞察力，及时调整和优化内容策略和服务方案，以适应市场变化和社群成员需求的变化。

（二）互动为主

互动是社群运营的灵魂。通过鼓励社群成员之间的互动和交流，可以营造出良好的社群氛围，提升社群的活跃度和凝聚力。社群成员之间的互动不仅限于文字交流，还包括图片、视频、音频等多种形式。社群运营者可以通过设置话题讨论、组织线上活动、开展问答环节等方式，激发社群成员的参与热情，促进彼此之间的了解和信任。

在互动过程中，社群运营者应注重引导社群成员分享自己的经验、观点和见解，形成多元化的信息交流格局。同时，社群运营者还应及时回应社群成员的提问和反馈，展现出积极、专业的态度。通过有效的互动管理，社群运营者能够建立起与社群成员之间的紧密联系，为后续的社群运营打下坚实的基础。

（三）规则明确

无规矩不成方圆。在新媒体社群运营中，制订明确的社群规则是维护社群秩序和稳定的重要保障。社群规则应涵盖社群成员的行为规范、内容发布要求、活动参与方式等方面，确保社群成员在享受社群资源和服务的同时，能够遵守社群规则，共同维护社群的良好形象。

为了制订有效的社群规则，社群运营者需要充分了解社群成员的特点和需求，结合社群定位和发展目标，制订出既符合实际情况又具有可操作性的规则。同时，社群运营者还应加强对社群规则的宣传和推广，确保社群成员能够充分了解和遵守规则。对于违反社群规则的行为，社群运营者应及时进行提醒和纠正，必要时可采取相应的管理措施，以维护社群的秩序和稳定。

二、新媒体社群运营的策略

（一）明确社群的定位和目标受众，选择合适的社群平台

社群定位是新媒体社群运营的第一步。明确的社群定位有助于社群运营者精准把握社群成员的需求和期望，为后续的社群运营提供方向性指导。社群定位应包括社群的主题、目标受众、价值主张等方面。主题是指社群所关注的核心领域或话题；目标受众是指社群所面向的用户群体；价值主张是指社群所能提供的独特价值或优势。

在选择社群平台时，社群运营者应根据社群定位和目标受众的特点，选择最适合的社群平台。不同的社群平台具有不同的特点和优势，如微信公众号适合内容发布和品牌推广，微博适合热点话题讨论和粉丝互动，抖音适合短视频创作和

娱乐分享等。社群运营者应根据实际情况，选择最适合的社群平台，并充分利用平台的优势资源，提升社群的曝光度和影响力。

（二）根据社群定位，策划有吸引力的内容主题和形式

内容策划是新媒体社群运营的核心环节。优质的内容能够吸引社群成员的关注和参与，提升社群的活跃度和凝聚力。在内容策划过程中，社群运营者应根据社群定位和目标受众的需求，策划出具有吸引力的内容主题和形式。

内容主题应紧扣社群定位，关注社群成员所关心的领域或话题。同时，内容主题还应具有一定的时效性和热点性，以吸引更多用户的关注和参与。在内容形式上，社群运营者可以采用文字、图片、视频、音频等多种形式，以丰富用户的阅读体验。此外，社群运营者还可以结合时事热点、节日庆典等时机，策划专题活动或特别节目，增强社群的互动性和趣味性。

（三）建立社群管理团队，负责社群的日常管理和维护

社群管理是新媒体社群运营的重要保障。一个高效的社群管理团队能够确保社群的日常运营顺畅进行，提升社群成员的满意度和忠诚度。社群管理团队应由具有丰富经验和专业技能的人员组成，负责社群的日常管理和维护工作。

社群管理团队的职责包括社群规则的制订和执行、内容审核和发布、用户投诉处理、活动组织等方面。为了确保社群管理的有效性和高效性，社群运营者还应建立相应的管理制度和流程，明确各岗位的职责和权限，确保各项工作能够有序开展。同时，社群运营者还应定期对社群管理团队进行培训和考核，提升其专业素养和服务水平。

（四）组织活动：定期举办线上或线下活动，增强社群成员的凝聚力和归属感

组织活动是新媒体社群运营的重要手段之一。通过定期举办线上或线下活动，可以增强社群成员的凝聚力和归属感，提升社群的活跃度和影响力。线上活动可以包括话题讨论、问答环节、直播分享等形式；线下活动可以包括主题讲座、沙龙聚会、户外拓展等形式。

在活动组织过程中，社群运营者应根据社群成员的需求和兴趣，策划出具有吸引力的活动主题和形式。同时，社群运营者还应注重活动的宣传和推广工作，吸引更多用户的关注和参与。为了确保活动的顺利进行，社群运营者还应提前制订详细的活动计划和流程安排，明确各项工作的负责人和时间节点。此

外，社群运营者还应及时收集和分析用户的反馈意见，不断优化活动组织和策划工作。

三、新媒体社群运营的实施步骤

（一）市场调研与社群定位

1. 市场调研

深入了解市场环境和用户需求，包括品牌和产品定位分析、用户分析以及竞品分析。这有助于明确社群的定位和价值主张，确保社群运营的方向与目标受众的需求相匹配。

2. 社群定位

基于市场调研结果，明确社群定位，包括社群的目标用户群体、提供的价值以及社群的核心目的。例如，社群可以是基于共同兴趣、行业交流或产品推广等目的而建立的。

（二）社群成长路线规划以及社群规则与组织架构设计

1. 社群成长路线规划

制订社群成长的时间表和目标，包括短期和长期目标，如用户数量增长、用户活跃度提升等。这有助于确保社群运营的有序性和方向性。

2. 社群规则与组织架构设计

设计社群规则，包括引导修改群名片、说明禁止事宜等，以维护社群的秩序和氛围。同时，搭建社群的组织架构，明确群主、管理员等角色的职责和分工，确保社群运营的高效执行。

（三）寻找种子用户与社群激活

1. 寻找种子用户

通过市场调研、人群分析等方法，找到最符合社群用户画像的种子用户。这些用户将成为社群的核心成员，对社群的氛围和发展起到关键作用。

2. 社群激活

在社群建立初期，通过强运营手段激活种子用户，如组织线上线下的活动、提供高质量的社群服务等，以增强用户的黏性和活跃度。

（四）稳定的内容输出与价值提供

1. 稳定的内容输出

持续提供有价值的内容，如干货资料、思维导图、成长心得等，以满足社群成员的需求，提升社群的吸引力。

2. 价值提供

通过组织专家讲座、主题分享等活动，为社群成员提供学习和成长的机会。同时，关注用户的成长和进阶，追踪和挖掘用户需求的变化，持续满足用户的期望。

（五）用户运营与激励机制

1. 用户运营

用户运营是指与社群成员建立良好的互动关系，了解他们的需求和反馈，及时解决他们的问题。通过线上线下的互动活动，增强社群成员之间的连接和归属感。

2. 激励机制

建立有效的激励机制，如 UGC 优质内容分享机制、PGC 优秀嘉宾分享机制等，以鼓励社群成员积极参与社群运营和内容创作。

（六）社群传播与扩大影响力

1. 社群传播

利用多种渠道如微信、微博、知乎等平台，传播社群的品牌和价值主张，吸引更多的潜在用户加入。同时，通过口碑传播和媒体报道等方式，扩大社群的影响范围。

2. 扩大影响力

与其他具有相同粉丝调性的平台或品牌进行合作，共同举办活动或互相推广，以扩大社群的受众范围和影响力。

（七）数据分析以及优化与迭代

1. 数据分析

定期对社群运营的数据进行分析，包括用户活跃度、内容转发率、用户留存率等指标，以评估社群运营的效果。

2.优化与迭代

根据数据分析结果，对社群运营的策略和方法进行优化与迭代。例如，调整内容输出的频率和形式、优化用户互动的机制等，以持续提升社群运营的效果和用户体验。

综上所述，新媒体社群运营的实施步骤是一个系统性、持续性的过程，需要不断地调研、规划、执行、优化和迭代，以确保社群能够持续健康地发展。

第六节　活动运营

活动运营是提升品牌知名度和用户参与度的重要手段。本节将深入探讨新媒体活动运营的原则、策略及实施步骤，并通过具体案例分析，为读者提供实际操作指南。

一、新媒体活动运营的原则

新媒体活动运营的原则不仅指导着活动的策划与执行，还能够确保活动能够达到预期目标，有效提升品牌影响力和用户参与度。

（一）目标明确

明确的活动目标是活动运营的首要原则。在策划活动之前，必须清晰地界定活动的目标和预期效果。这些目标可以是品牌曝光、用户增长、产品推广、用户活跃度提升等。明确的目标有助于团队在活动策划和执行过程中保持方向一致，避免偏离主题。例如，如果活动的目标是提升品牌知名度，那么活动内容、宣传渠道和推广策略都应围绕这一目标展开。

（二）创意独特

在信息爆炸的时代，创意是吸引用户参与新媒体活动的关键。活动运营需要打破常规，提供独特、有趣且富有吸引力的活动形式和内容。这不仅可以增加用户的参与意愿，还能在社交媒体上引发话题讨论，扩大活动的影响力。创意独特并不意味着盲目追求新奇，而是要在了解目标受众兴趣和需求的基础上，结合品牌定位，设计出既有新意又能引发共鸣的活动。

（三）执行高效

活动的顺利执行和高效管理对于提升用户体验至关重要。这要求活动运营团队具备强大的执行力和协调能力，能够在活动筹备、执行和后续跟进中保持高效运作。高效执行不仅意味着活动的顺利进行，还包括对突发情况的迅速应对和处理，以及对活动效果的实时监控和调整。只有确保活动的高效执行，才能最大化地实现活动目标，提升用户满意度。

二、新媒体活动运营的策略

新媒体活动运营的策略涉及多个方面，包括活动策划、合作资源、宣传推广和用户参与等。这些策略的制订和执行，将直接影响活动的成功与否。

（一）活动策划

活动策划是活动运营的核心环节。在策划阶段，需要充分考虑品牌定位、目标受众、活动主题和形式等因素。活动策划应紧密结合品牌特色，确保活动内容与品牌形象一致。同时，活动主题和形式应具有吸引力，能够激发目标受众的兴趣和参与意愿。例如，针对年轻用户群体，可以策划一些互动性强、创意新颖的活动，如线上挑战赛、直播互动等。

（二）合作资源

整合内外部资源是提升活动影响力的有效途径。通过寻求合作伙伴，可以扩大活动的覆盖面和影响力。合作伙伴可以是其他品牌、KOL、媒体平台等。在选择合作伙伴时，应充分考虑其品牌形象、受众群体和活动契合度等因素。通过合作资源的整合，可以实现资源共享、优势互补，共同提升活动的效果。

（三）宣传推广

宣传推广是提升活动曝光率的重要手段。通过广告投放、社交媒体推广、KOL合作等方式，可以扩大活动的知名度和影响力。在宣传推广过程中，应注重内容的质量和创意性，确保宣传信息能够吸引目标受众的注意。同时，还应根据受众群体的特点和习惯，选择合适的宣传渠道和方式，以强化宣传效果。

（四）用户参与

鼓励用户参与是活动运营的关键环节。通过提供有吸引力的奖励和激励措施，可以激发用户的参与热情。奖励可以是实物奖品、优惠券、积分等，激励措施可以是排名奖励、积分兑换等。在鼓励用户参与的同时，还应注重提升用户体验，确保活动流程顺畅且充满趣味性。例如，可以设置互动环节、增加用户反馈渠道等，以增强用户的参与感和归属感。

三、新媒体活动运营的实施步骤

新媒体活动运营的实施步骤包括需求分析、策划方案、执行准备、宣传推广、活动执行和效果评估等环节。这些步骤的有序进行，能确保活动的顺利进行和高效管理。

（一）需求分析

需求分析是新媒体活动运营的第一步。通过深入了解目标受众的需求和兴趣，可以确定活动的主题和形式。需求分析可以通过市场调研、用户访谈、数据分析等方式进行。在了解受众需求的基础上，还应结合品牌定位和活动目标，进一步细化活动内容和形式。例如，如果目标受众是年轻女性用户，那么可以策划一些与美容、时尚相关的活动；如果活动目标是提升用户活跃度，那么可以策划一些互动性强的活动。

（二）策划方案

新媒体活动运营的策划方案包括活动主题、形式、流程、预算、时间节点等内容。策划方案应具备可操作性和可评估性，确保团队在执行过程中能够有据可依。同时，策划方案还应注重细节和创意性，以提升活动的吸引力和用户体验。例如，在制订活动流程时，可以设置一些互动环节和惊喜环节，以增加用户的参与感和活动的趣味性。

（三）执行准备

执行准备是确保新媒体活动运营顺利进行的关键环节。在执行准备阶段，需要准备活动所需的资源、场地等。同时，还应对活动流程进行模拟演练，以确保活动的顺利进行。在执行准备过程中，应注重细节和安全性，确保活动的顺利进行和用户的安全。例如，在准备场地时，应考虑场地的容量、布局以及安全出口的位置等因素。此外，还应明确新媒体活动运营的管理及执行人员的职责和分工，确保活动的有序进行。

（四）宣传推广

在宣传推广阶段，新媒体活动运营者应根据活动策划方案，选择合适的宣传渠道和方式。宣传推广应注重内容的质量和创意性，确保宣传信息能够吸引目标受众的注意。同时,还应根据受众群体的特点和习惯,选择合适的宣传时机和频率。例如,在社交媒体平台上进行宣传推广时,可以结合热点话题和受众兴趣点,发布有趣、有吸引力的宣传内容;在广告投放时,可以选择受众群体活跃的时间段和平台进行投放。

(五)活动执行

活动执行是新媒体活动运营的核心环节。在活动执行阶段,需要按照策划方案进行活动流程的推进和管理。活动执行应注重细节和用户体验,确保活动的顺利进行和高效管理。同时,还应对突发情况进行迅速应对和处理,以确保活动的顺利进行。例如,在活动现场可以设置专门的客服人员或志愿者团队,负责解答用户疑问、处理突发情况等;在线上活动中可以设置在线客服或机器人客服等,以提供及时的帮助和支持。

(六)效果评估

效果评估是新媒体活动运营的最后一个环节。通过收集用户反馈和数据,对活动效果进行评估和总结。效果评估应注重客观性和全面性,从多个维度对活动效果进行分析和评估。例如,可以从品牌曝光度、用户参与度、转化率等方面进行评估;同时,还可以结合用户反馈和数据分析结果,对活动流程、内容、宣传等方面进行优化和改进。通过效果评估和总结,可以为未来的新媒体活动运营提供宝贵的经验和参考。

第五章　新媒体运营技巧

本章深度聚焦于新媒体运营中的实操技能,细致讲解了从吸引注意力到视频剪辑的多种技巧。首先分析了吸引注意力的策略以及内容雕琢的艺术;其次深入阐述了图片编辑的奥秘,即如何选用、处理图片以增强视觉效果;再次,图文排版部分则揭示了如何巧妙布局,使内容与形式和谐统一,提升阅读体验;最后,视频剪辑部分对如何剪辑出引人入胜的视频内容加以分析。

第一节　吸引注意力

在新媒体时代,海量和碎片化的信息使得用户的注意力成为稀缺资源。用户每天都会被海量的信息包围,从社交媒体到新闻网站,从视频平台到博客文章,信息无处不在。然而,在如此庞大的信息流中,如何让自己的内容脱颖而出,吸引用户的注意力,成为新媒体运营的首要技巧。

一、标题设计

标题是吸引用户点击的第一要素。在信息过载的今天,用户往往只花几秒钟的时间来决定是否要阅读或观看某一内容。因此,一个吸引注意力的标题对于提高点击率和阅读量至关重要。

(一)简洁明了

简洁明了的标题能够迅速传达内容的核心信息,让用户一目了然。例如,"5个简单步骤,教你如何在家做美味比萨"就比"如何在你的厨房里,利用简单的食材和步骤,制作出令人垂涎三尺的美味比萨"更具吸引力。

(二)制造悬念

悬念是吸引用户注意力的重要手段。通过在标题中设置悬念,可以激发用户的好奇心，促使他们点击了解更多。例如，"你绝对想不到！这个日常习惯竟然会致命"就比"日常习惯与健康风险"更能引起用户的注意。

（三）使用具有吸引力的词语

一些具有吸引力的词语能够迅速抓住用户的眼球。例如，"揭秘""震惊""独家"等词语，往往能够激发用户的阅读欲望。例如，"揭秘：明星背后的真实生活"就比"明星生活介绍"更吸引人。

（四）结合数字

数字具有直观性和说服力，能够迅速吸引用户的注意力。在标题中加入数字，可以让用户更容易理解内容的核心信息，并激发他们的阅读兴趣。例如，"10个提高工作效率的小技巧"就比"提高工作效率的方法"更具体、更有吸引力。

（五）列表展示

列表形式的标题能够清晰地展示内容结构，让用户更容易理解文章的主要内容。例如，"5大健身误区，给你列好了"就比"健身中的常见误区"更具体、更有条理。

二、提升视觉冲击力

在信息呈现上，提升视觉冲击力同样重要。一张高清、有吸引力的图片或视频封面，能够迅速抓住用户的眼球，引导他们点击以便进一步了解。

（一）高清图片

高清图片能够展示更多的细节和色彩，提升用户的视觉体验。在选择图片时，应确保图片清晰、构图合理、色彩鲜艳。同时，图片应与内容紧密相关，能够准确传达文章的主旨。

（二）动态图和短视频

动态图和短视频具有更强的视觉冲击力，能够迅速吸引用户的注意力。通过使用动态图或短视频作为封面或引导图，可以增加内容的吸引力，提高用户的点击率。例如，在介绍一款新产品时，可以使用短视频展示产品的使用方法和效果，从而吸引用户的关注。

（三）色彩搭配

色彩搭配对于提升视觉冲击力至关重要。合理的色彩搭配能够增强内容的视觉吸引力，提升用户的阅读体验。在选择色彩时，应根据内容的主题和风格进行搭配，避免过于刺眼或单调的色彩组合。

（四）版面设计

版面设计也是提升视觉冲击力的重要因素。通过合理的版面布局和排版方式，可以使内容更加美观、易读。例如，可以采用分栏布局、加大行距和字间距等方式，提高内容的可读性；同时，通过添加适当的装饰元素和背景图案，可以增强版面的视觉效果。

三、热点追踪

结合时事热点进行内容创作，也是吸引用户注意力的有效方法。通过追踪社会热点、明星八卦、行业动态等热门话题，可以迅速吸引相关用户的关注，提高内容的曝光度和传播力。

（一）紧跟时事热点

时事热点具有广泛的社会关注度和传播力。通过及时追踪和报道时事热点，可以吸引大量用户的关注，提高内容的点击率和阅读量。例如，在重大节日或纪念日期间，可以发布相关的庆祝活动或纪念文章；在突发事件发生时，可以迅速发布相关报道和分析评论。

（二）报道娱乐新闻

娱乐新闻是用户普遍关注的话题之一。通过报道明星的日常生活、作品发布等消息，可以吸引大量粉丝和娱乐新闻爱好者的关注。同时，也可以结合明星的热度进行产品推广或品牌宣传，提高曝光度和转化率。

（三）行业动态与趋势分析

行业动态与趋势分析对于相关行业从业者和爱好者具有重要意义。通过及时追踪和报道行业动态、发布趋势分析报告等，可以吸引相关用户的注意力，提高内容的权威性和影响力。例如，科技领域的新媒体运营主体可以发布最新的产品发布信息、技术创新报道等；时尚领域的新媒体运营主体可以发布最新的潮流趋势、穿搭指南等。

（四）创意内容形式与独特视角

除了紧跟热点话题，创意内容形式与独特视角也是吸引用户注意力的重要因素。通过提供新颖独特的观点、创新有趣的内容形式等方式，可以吸引用户的注意力并给用户留下深刻的印象。例如，可以采用漫画、动画、短视频、AI 作品、可缩放矢量图形（SVG）等创意形式展示内容，也可以从独特的视角出发分析热点话题或行业趋势等。

第二节　内容雕琢

内容是新媒体运营的核心。优质的内容不仅能够吸引用户，还能增强用户的黏性和忠诚度。在新媒体运营中，内容雕琢是提升用户体验、促进用户互动的关键环节。

一、原创性

原创性是内容质量的重要保证。在信息泛滥的时代，千篇一律、缺乏新意的内容难以吸引用户的兴趣。因此，新媒体运营者应当注重内容的原创性，通过提供独特的观点、有深度的分析和实用的信息，吸引用户的持续关注。

（一）独特的观点

独特的观点是原创内容的核心。新媒体运营者应当具备敏锐的洞察力和深刻的思考能力，能够从不同角度分析问题，提出新颖独特的见解。例如，在报道某一社会事件时，可以从多个维度进行深入剖析，揭示事件背后的深层次原因和影响，从而引发用户的思考和讨论。

（二）有深度的分析

有深度的分析是提升内容质量的关键。新媒体运营者应当具备扎实的专业知识和广泛的信息来源，能够对某一领域或话题进行深入的研究和分析。通过提供翔实的数据、案例和观点，增强内容的权威性和说服力，吸引用户的关注。

（三）实用的信息

实用的信息是满足用户需求的重要内容。新媒体运营者应当关注用户的实际需求和痛点，提供具有实用价值的信息和解决方案。例如，在分享某一生活技巧或工作方法时，可以详细阐述具体步骤和注意事项，帮助用户更好地解决问题或提升效率。

二、多样性

为了满足不同用户的需求和偏好，内容形式应当多样化。通过结合图片、视频、音频等多种形式，丰富内容的呈现方式，提高内容的可读性和吸引力。

（一）图片与视频

图片与视频具有直观性和生动性，能够迅速吸引用户的注意力。新媒体运营者应当注重图片和视频的质量和创意性，通过精心挑选和设计，使内容更加丰富多彩。例如，在介绍某一产品时，可以使用高清大图展示产品的外观和细节；在分享某一旅游景点时，可以使用精美的视频展示景点的风光和特色。

（二）音频内容

音频内容具有便捷性和伴随性，适合用户在碎片时间进行收听。新媒体运营者可以通过录制播客、有声书等形式，提供丰富的音频内容。通过生动的讲述和专业的解读，吸引用户的关注和喜爱。

（三）内容长度与风格

根据用户的阅读习惯和偏好，调整内容长度与风格也是提高内容多样性的重要手段。例如，对于平时工作忙碌的用户群体，可以提供简洁明了的短内容；对于喜欢深度阅读的用户群体，可以提供详细全面的长文章。同时，根据内容的主题和风格选择合适的语言风格和表达方式，可以增强内容的可读性和吸引力。

三、互动性

增强内容的互动性是提高用户参与度的重要手段。通过设置问题、引导讨论、开展投票等方式，可以激发用户的兴趣和热情，增加用户的参与感和归属感。

（一）设置问题

在内容中设置问题可以激发用户的思考和讨论。新媒体运营者可以根据内容的主题和核心观点，提出具有启发性和争议性的问题，引导用户进行思考和交流。例如，在分享某一社会现象时，可以提出"你如何看待这一现象？"等问题，引发用户的讨论和反馈。

（二）引导讨论

引导讨论是增强内容互动性的有效方式。新媒体运营者可以通过在内容中设置话题标签、引用用户评论等方式，引导用户进行深入的讨论和交流。同时，也可以积极参与用户的讨论和互动，及时回应用户的疑问和反馈，增强用户的参与感。

（三）开展投票活动

开展投票活动是了解用户意见和偏好的重要途径。新媒体运营者可以通过设置投票环节，让用户对某一话题或观点进行投票和表态。通过收集和分析用户的投票结果，了解用户的意见和偏好，为后续的内容创作和运营提供有价值的参考依据。

第三节 图片编辑

图片是新媒体内容的重要组成部分，它们能够直观地传达信息，增强内容的吸引力和可读性。通过精心编辑图片，可以显著提升内容的视觉效果和吸引力。本节将深入探讨图片编辑的三大关键要素，即分辨率、色彩搭配和文字说明，并提供实用的技巧和策略，帮助新媒体运营者更好地利用图片提升内容质量。

一、分辨率

确保图片的分辨率是图片编辑的基本要求。模糊或低质量的图片会严重影响用户的阅读体验，降低内容的整体质量。因此，在选择和编辑图片时，应格外注重图片的分辨率。

（一）高分辨率选择

从源头上确保图片的高分辨率是至关重要的。高分辨率图片能够提供更多细节，使图片在放大或缩小后依然保持清晰。对于新媒体内容而言，这意味着图片能够在各种设备和屏幕尺寸上保持良好的显示效果。

①专业相机拍摄：如果条件允许，使用专业相机拍摄图片是最佳选择。专业相机通常具有更高的像素和更好的成像质量，能够捕捉到更多细节。

②高质量图片库：对于无法自行拍摄的情况，可以选择从高质量的图片库中购买或下载图片。这些图片库通常提供高分辨率、无水印的图片，适合用于新媒体内容创作。

（二）后期处理

即使选择了高分辨率的图片，有时也需要通过后期处理来进一步增强其清晰度。后期处理软件如 Adobe Photoshop、Lightroom 等提供了多种工具来优化图片质量。

①锐化工具：锐化工具可以增强图片的边缘细节，使图片看起来更加清晰。但需要注意的是，过度锐化可能会导致图片出现噪点或失真，因此需要适度使用。

②降噪处理：在夜间或低光环境下拍摄的图片，可能会出现噪点。使用降噪处理工具可以减少噪点，提高图片的分辨率。

③裁剪与缩放：通过裁剪去除图片中不必要的部分，并适当缩放以适应不同的屏幕尺寸和布局要求，可以进一步提升图片的视觉效果。

二、色彩搭配

色彩搭配对于提升图片的视觉效果至关重要。通过合理的色彩搭配，可以突出图片的主题和重点，增强图片的感染力和吸引力。同时，色彩的选择也应考虑目标用户的审美偏好和阅读习惯。

（一）色彩心理学

了解色彩心理学的基本原理有助于更好地进行色彩搭配。不同的颜色能够引发不同的心理反应和情感共鸣。

①红色：通常代表热情、活力和警告。在需要引起注意或强调重点时，可以使用红色。但过度使用红色可能会给用户带来紧张或不安的感觉。

②蓝色：代表宁静、信任和权威。蓝色适合用于营造专业、可靠的氛围。在科技、金融等领域的内容中，蓝色是常见的选择。

③绿色：象征自然、健康和生长。绿色适合用于环保、健康等主题的内容中。

④黄色：代表快乐、温暖和活力。黄色可以吸引用户的注意力，但过度使用可能会给用户带来刺眼的感觉。

⑤紫色：代表神秘、优雅和高贵。紫色适合用于营造高端、奢华的氛围。

（二）对比与和谐

在色彩搭配中，对比与和谐是两个重要的原则。对比色能够增强视觉冲击力，使图片更加醒目；而和谐色则能够营造宁静舒适的氛围，使图片更加耐看。

①对比色搭配：将两种或多种对比鲜明的颜色搭配在一起，可以产生强烈的视觉效果。例如，红色和蓝色、蓝色和橙色等对比色搭配常用于吸引用户的注意力。但需要注意的是，对比色搭配应适度，避免过于刺眼或混乱。

②和谐色搭配：选择相邻或相似的颜色进行搭配，可以营造出和谐舒适的视

觉效果。例如，蓝色和紫色、绿色和黄色等和谐色搭配常用于营造专业、可靠的氛围。

（三）目标用户审美偏好

在进行色彩搭配时，还需要考虑目标用户的审美偏好，不同的用户群体可能对颜色有不同的偏好。

①年轻用户：年轻用户通常更喜欢鲜艳、活泼的颜色搭配。在针对年轻用户的内容中，可以适当增加亮色和对比色的使用。

②中老年用户：中老年用户可能更倾向于柔和、舒适的颜色搭配。在针对中老年用户的内容中，可以选择更加稳重、和谐的颜色组合。

③特定行业或领域：在某些特定行业或领域中，可能存在一些公认的颜色搭配规范。例如，在科技领域中，蓝色和白色是常见的搭配；在时尚领域中，则可能更注重色彩的多样性和创新性。

（四）实践技巧

①使用色彩轮盘：色彩轮盘是帮助进行色彩搭配的有用工具。通过色彩轮盘，可以直观地看到不同颜色之间的关系和搭配效果。

②参考成功案例：分析一些成功的新媒体内容案例，了解它们在色彩搭配方面的做法和经验，可以为自己的色彩搭配提供灵感和参考。

③测试与反馈：在进行色彩搭配后，可以通过小范围测试或收集用户反馈来评估效果。根据反馈结果进行调整和优化，以达到更好的视觉效果。

三、文字说明

为图片添加适当的文字说明，可以帮助用户更好地理解图片的内容和意图。文字说明应简洁明了，避免冗长和复杂的描述。同时，文字的颜色、字体和大小也应与图片整体风格相协调。

（一）简洁明了

文字说明的主要目的是传达图片的关键信息，而不是提供详细的描述或解释。因此，文字说明应尽可能简洁明了，直接点明图片的主题和重点。

①突出重点：在文字说明中，应突出图片的关键信息或亮点。例如，在一张展示新产品的图片中，可以简单标注产品的名称、特点和用途等信息。

②避免冗长：避免使用过多的修饰语和冗长的句子。简洁明了的文字说明更

容易被用户关注。

③使用关键词：在文字说明中，可以适当使用关键词来增强信息的传达效果。例如，在一张旅游景点介绍的图片中，可以使用"美丽风光""历史文化"等关键词来概括景点的特点。

（二）风格协调

文字说明的风格应与图片整体风格相协调。这包括文字的颜色、字体和大小等方面。

①颜色协调：文字的颜色应与图片的主色调或背景色相协调。避免使用过于刺眼或与图片色调不符的颜色。通常，选择与图片主色调相近或对比鲜明的颜色作为文字颜色效果较好。

②字体选择：字体的选择也应考虑图片的整体风格。在正式、专业的内容中，可以选择简洁明了的无衬线字体；在轻松、活泼的内容中，则可以选择更加富有创意的字体。但需要注意的是，避免使用过于花哨或难以辨认的字体。

③大小适中：文字的大小应适中，既要保证清晰可见，又要避免过于突兀或占用过多空间。通常，根据图片的尺寸和布局要求来调整文字大小是合适的做法。

（三）布局与排版

文字说明的布局与排版也是影响视觉效果的重要因素。合理的布局与排版可以使文字说明更加美观、易读。

①位置选择：文字说明的位置应根据图片的内容和布局要求来选择。通常，可以将文字说明放置在图片的下方、旁边或嵌入图片中。但需要注意的是，避免将文字说明放置在过于拥挤或重要信息会被遮挡的区域。

②对齐方式：文字说明的对齐方式也应考虑整体布局的美观性。通常，可以选择左对齐、右对齐、居中对齐或两端对齐等方式。但需要注意的是，要保持文字说明的对齐方式一致，避免出现不一致的情况。

③间距调整：适当的间距调整可以使文字说明更加易读。例如，可以增加行间距、段间距或字间距等，以提高文字的可读性。但需要注意的是，避免间距过大或过小导致视觉效果不佳。

第四节　图文排版

图文排版是影响用户阅读体验的重要因素。通过合理的排版设计，可以提升新媒体内容的可读性和吸引力。

一、结构清晰

在图文排版中，确保内容的结构清晰、层次分明是至关重要的。这要求我们在编辑新媒体内容的过程中，要合理运用标题、段落和列表等排版元素，以引导读者的阅读视线，帮助他们更好地理解信息。标题应简洁明了，能够准确概括段落或章节的主旨，起到提纲挈领的作用；段落则应避免过长，以保持内容的紧凑性和易读性；列表则可用于梳理复杂信息或流程步骤，使内容条理分明，易于理解。同时，我们还需要注意避免过多的文字和图片堆砌在一起，以免造成视觉上的混乱和干扰，影响读者的阅读体验。

二、留白处理

留白，即页面中的空白部分，是提升图文排版美观度和阅读体验的重要手段。适当的留白可以使页面看起来更加简洁、大气，同时也有助于突出重点和关键信息，增强读者的记忆和理解。在图文排版中，我们应注重留白的合理运用，避免页面过于拥挤或杂乱无章。通过合理安排文字和图片的位置和大小，可以提供舒适的阅读体验，使读者在阅读过程中能够轻松愉悦地获取信息。此外，留白还可以起到平衡页面布局、提升整体设计感的作用，使图文内容更加和谐统一。

三、风格统一

保持图文排版的风格统一是提升阅读体验不可忽视的方面。一致的字体、颜色和排版方式能够营造出专业的品牌形象和视觉风格，增强读者的认知度和忠诚度。在选择字体时，我们应注重其易读性和美观性的平衡，避免使用过于花哨或难以辨认的字体；在配色方案上，则应遵循品牌形象和视觉风格的要求，确保色彩的和谐统一。同时，我们还需要注意排版方式的连贯性和一致性，避免出现风格突变或混乱的情况，以维护品牌形象和读者体验的稳定性。

第五节　视频剪辑

视频剪辑是新媒体运营中不可或缺的技巧之一。通过精心剪辑视频，可以提升内容的吸引力和传播力。

一、素材选择

在选择视频剪辑素材时，质量是至关重要的考量因素。高质量的视频素材能够确保画面的清晰度和稳定性，为观众带来良好的观看体验。除了视频素材，图片和音频素材的选择同样不容忽视。多样化的素材组合能够丰富视频内容，使其更具有吸引力。此外，版权问题是素材选择中必须严格遵守的准则。使用未经授权的素材不仅可能引发法律纠纷，还会损害品牌形象。因此，在筛选和整理素材时，务必确保所有素材均具备合法使用权。

二、剪辑技巧

掌握基本的剪辑技巧是提升视频质量的关键所在。切割、合并、调色等功能是视频剪辑中常用的技术手段，通过对这些功能的合理运用，可以对素材进行精细化处理，使其更加符合视频主题和风格的要求。在剪辑过程中，节奏和流畅性的把握尤为重要。突兀的剪辑和生硬的过渡会破坏观众的观看体验，降低视频的整体质量。因此，剪辑师需要注重剪辑点的选择和过滤效果的处理，确保视频内容的连贯性和观赏性。

三、特效添加

适当的特效添加能够为视频增添更多视觉元素，提升其吸引力和表现力。字幕、转场特效、背景音乐等元素是视频剪辑中常用的特效手段。通过添加字幕，可以清晰地传达视频中的关键信息，帮助观众更好地理解视频内容；转场特效则能够使不同场景之间的过渡更加自然流畅，增强视频的连贯性；背景音乐则能够营造氛围、烘托情感，使观众沉浸于视频所呈现的世界中。在选择特效时，需要考虑目标用户的审美偏好和阅读习惯，确保特效与视频内容协调统一。同时，也要避免过度使用特效导致观众产生审美疲劳。

第六章　新媒体传播受众

本章首先明确了受众的定义与分类，详细阐述了受众的行为特征；其次深入探讨了新媒体环境下受众心理的变化，包括信息接收习惯、注意力分配及情感共鸣等方面；再次细致分析了新媒体环境下受众的多元化需求，如个性化内容、即时互动与社交分享等；最后提出了新媒体环境下受众的双向管理策略，涵盖如何构建有效的受众反馈机制，以实现传播效果的最大化。本章内容对于新媒体从业者深入理解受众、优化传播策略具有重要的指导意义。

第一节　受众分析：定义、分类与行为特征

一、受众的定义

受众，字面意义为"接收信息的人群"。关于受众的起源，英国传播学者丹尼斯·麦奎尔（Denis McQuail）认为："今天的媒介受众，起源于古代体育比赛的观众，以及早期公共戏剧与音乐表演的观众。我们对受众的最初了解，与人们亲身聚集于某一特定的地点相关。每一座古希腊或古罗马城邦都会拥有剧院或竞技场。毫无疑问，他们都是由此前人们非正式地聚集在一起，观看类似演出或比赛、参加宗教仪式、国家典礼等场合演化而来的。"随着造纸术的诞生，受众开始通过媒介获取信息。直至电影与电视的发明，现代传播学意义上的"受众"才真正形成。他们借助这些媒介共同体验故事，分享情感。芝加哥社会学学者赫伯特·布鲁默（Herbert Blumer）认为受众是由现代社会环境所催生的一种集合形式，他将受众称为"大众"，并认为受众具有规模大、匿名和无限性等特点，与群体、群集、公众有一定的相似之处。

电子媒介的兴起进一步明确了"受众"的定义。在传播活动中，受众作为信息接收的终端，是传播过程五要素之一。在新媒体传播环境下，受众是媒体产品

的消费者，是传播链条的终点。同时，受众也是传播活动的积极参与者，是传播活动中不可或缺的一环。因此，在新媒体时代，无论传播环境如何变化，受众在传播过程中的核心地位始终不可动摇。

二、受众的分类

（一）年龄分类

在新媒体传播时代，受众呈现出明显的年龄分化特征，不同年龄段的受众在媒介使用习惯、信息需求、交互方式等方面存在显著差异。这种差异不仅反映了受众个体在生理、心理、认知等方面的发展特点，也体现了不同年龄群体的社会角色、文化背景、价值观念的差异。因此，深入分析不同年龄段受众的特点，对于把握新媒体传播规律、提升传播效果具有重要意义。

从生理特征来看，不同年龄段的受众在感知觉、注意力、记忆力等方面存在明显差异。以青少年群体为例，他们的感知觉敏锐，接受新事物的能力强，但注意力容易分散，对信息的筛选和判断能力相对较弱。相比之下，青年群体在感知觉上已趋于稳定，具备较强的学习能力和适应新事物的能力，注意力集中，能够较好地处理信息。中年群体的感知觉虽然有所下降，但注意力更加集中，对信息的理解和记忆能力更强。而老年群体的感知觉通常更加迟钝，但在知识积累方面具有优势，容易专注于细节并深入思考。这些差异意味着，针对不同年龄段受众进行新媒体传播时，需要在信息呈现方式、节奏把控等方面进行有针对性的设计和调整。

从心理特征来看，不同年龄段的受众在需求层次、兴趣爱好、价值追求等方面也有明显不同。青少年群体正处于自我意识逐渐觉醒、价值观念形成的关键时段，他们渴望表达自我、获得认同，对新奇、刺激的内容更感兴趣。青年群体通常处于职业和家庭的初期阶段，他们对自我提升、职业发展、个人成就等方面有较强的关注，同时也有较强的社会参与意识。中年群体的需求则更加多元化，他们既关注个人发展、家庭生活，也希望通过新媒体获得社会信息、参与公共议题的讨论。老年群体则更关注健康、养老等方面的内容，并可能更多地关注传统文化和家庭事务。因此，新媒体传播需要紧密结合不同年龄段受众的心理特点，有的放矢地满足其差异化需求。

从认知能力来看，不同年龄段的受众在知识结构、逻辑思维等方面也存在明显差异。儿童和青少年群体的认知能力尚在发展中，他们对世界的认识相对简单、片面，更容易受到外界信息的影响和干扰。而青年群体经过系统学习和社会实践的积淀,具备相对完整的知识体系和较强的逻辑思辨能力,对信息的解读和吸收更加全面、深入。中老年群体的认知体系逐渐趋向成熟,但也开始受到年龄带来的思维定式影响。这就要求新媒体传播者在进行内容生产时,既要符合不同年龄段受众的认知水平,又要引导其不断拓宽视野、提升思考的深度和广度。

从媒介使用习惯来看,不同年龄段的受众在媒介接触时间、方式、频率等方面存在显著差异。作为"数字原住民"的青少年群体,他们接触互联网与手机的时间较长,习惯利用碎片化时间浏览信息,且频繁使用社交媒体与他人互动。青年群体同样是媒介使用的主力群体,除了社交媒体,他们还频繁使用短视频平台、在线购物和新闻网站等,注重效率和快速反馈。中年群体虽然也逐渐适应了新媒体环境,但其媒介接触时间相对有限,更倾向于系统、深入地汲取信息。而老年群体虽然逐步接触新媒体,但更多依赖传统媒体(如电视、报纸等),互联网使用相对较少。因此,新媒体传播需要充分考虑不同年龄段受众的媒介使用特点,优化信息推送的时间、频率和形式。

从互动参与的角度来看,不同年龄段的受众在表达意见、参与讨论等方面的积极性也有明显不同。青少年群体思维活跃,表达欲望强烈,他们乐于通过评论、转发、弹幕等方式表达自我、参与互动。青年群体也具有较强的互动性,尤其在社交平台、短视频平台和专业论坛中,他们热衷于分享个人观点、参与讨论以及发表专业意见。中年群体则相对谨慎,更多选择"潜水"观察,只在必要时参与讨论和评论。老年群体可能技术操作不够熟练,因此在社交平台上的互动较少,但他们在现实生活中的讨论和交流通常更具深度。新媒体传播需要为不同年龄段的受众创造合适的互动空间和机会,激励其积极参与、贡献智慧。

(二)职业分类

基于职业角色对新媒体传播受众进行细分,能够洞察不同职业人群在信息接收、传播互动等方面的特点,为有针对性地制订传播策略提供重要参考。

在媒介使用上,白领受众更偏好移动端社交媒体,如微信、微博等。他们不仅是信息的接收者,更是积极的参与者和传播者,热衷于在社交平台上分享观点、参与讨论。蓝领受众从事制造、服务等工作,他们的信息需求更侧重于个人切身利益,如就业、培训、政策等。在媒介选择上,蓝领受众相对更传统一些,电视、广播等大众媒体仍是其主要信息来源。但随着智能手机的普及,越来越多的蓝领受众也开始使用移动社交媒体。农民群体长期从事农业生产,他们的信息需求主要围绕生活日常、农业生产技术、农产品价格、农村政策等。传统的农村广播、电视、报纸等仍是其主要的信息渠道。但近年来，随着"互联网+农业"的发展，不少农民也开始尝试通过短视频等新媒体获取信息。

从更加精细的维度看，不同行业、不同岗位的受众在信息需求和传播行为上也存在差异。例如，信息技术从业者通常掌握较强的数字技能，对前沿科技动态更为敏感；金融从业者则更关注经济形势、投资机会等；教师群体相对更关注教育政策、教学资源等。同一行业内部，决策层、管理层、基层员工的信息诉求也各不相同。全面了解不同职业角色的特点，有助于新媒体平台提供个性化、差异化的信息服务。

（三）地域分类

地理位置对新媒体传播受众的特征有着重要影响。不同地区的受众在信息获取方式、消费习惯、社交行为等方面存在明显差异。这种差异反映了地域文化、经济发展水平、教育程度等多重因素的综合作用。

从信息获取方式来看，经济发达地区的受众更倾向于使用智能手机、平板电脑等移动终端获取信息，而经济较落后的地区的受众则更多依赖传统媒体如电视、广播等获取信息。这一差异与各地区的经济发展水平密切相关。经济发达地区的居民收入水平较高，能够负担起移动设备的购买和使用成本，且移动互联网普及率较高。而经济较落后地区的居民购买力有限，传统媒体仍然占据主导地位。

在消费习惯方面，不同地区的受众也呈现出明显的差异。经济发达地区的受众更加注重品牌，追求个性化和多样化的消费体验，对品质有较高要求。相比之下，经济较落后地区的受众的消费观念相对保守，更看重产品的性价比。这种消费观念的差异深受地域文化的影响。经济发达地区受外来文化影响较深，形成了更加开放、多元的消费文化；而经济较落后地区传统文化根基深厚，人们的消费观念更加注重实用性和经济性。

在社交行为上，不同地区的受众也有各自的特点。经济发达地区的受众更加注重社交网络的经营和维护，积极利用微信、微博等平台拓展人际关系，展示个人形象。相比之下，经济较落后地区的受众的社交圈相对封闭，更多依赖面对面的实体社交。这一差异反映了不同地区的社会结构和人际关系模式。经济发达地区工业化、城镇化程度较高，人口流动频繁，传统的社会关系网络松散，人们更需要借助网络平台维系社交；而经济较落后地区社会结构相对稳定，熟人社会特征明显，面对面的实体社交仍然占据主导地位。

需要指出的是，随着信息技术的快速发展和经济全球化的深入推进，不同地区受众的差异正在逐渐缩小。经济较落后地区的移动互联网基础设施不断完善，智能手机等移动设备的普及率稳步提高，使得当地受众的信息获取方式日益多元化。与此同时，经济发达地区的媒体环境也在发生变化，传统媒体与新媒体加速融合，呈现出全媒体传播的新格局。

二、受众的行为特征

（一）信息获取方式

在新媒体时代下，受众获取信息的方式呈现出多元化、个性化、碎片化的特点。传统的大众传播模式已不再是受众获取信息的唯一途径，取而代之的是一种更加开放、自主、互动的信息获取方式。

首先，移动互联网的普及为受众提供了更加便捷、高效的信息获取渠道。智能手机、平板电脑等移动终端设备的广泛应用，使得受众可以随时随地接收和传播信息。无论是在通勤途中、休闲时光，还是工作间隙，只要手中有一部智能设备，受众就能够根据自己的需求和兴趣，主动搜索、浏览、分享各类信息。这种"指尖上的信息获取"打破了传统媒体的时空限制，极大地拓展了受众的信息视野。

其次，社交媒体的兴起改变了受众的信息获取习惯。微博、微信、抖音等新媒体平台不仅为受众提供了海量的信息资源，更成为其社交互动和情感表达的重要阵地。在社交媒体上，受众不再是被动的信息接收者，而是积极的内容生产者和传播者。他们可以根据自己的兴趣爱好，选择关注特定的信息源，加入各种兴趣社群，与志同道合的伙伴分享见闻、交流观点。这种基于社交关系的信息获取方式更加私密且容易被信任，受众往往更愿意接收来自朋友、家人、同事等"强关系"推荐的信息。

最后，算法推荐技术的应用满足了受众个性化的信息需求。当前，越来越多的新媒体平台利用大数据、人工智能等前沿技术，为受众提供精准、高效的信息推送服务。通过分析受众的兴趣偏好、搜索历史、互动行为等数据，算法可以自动为其匹配最感兴趣、最需要的信息内容。这种"千人千面"的个性化推荐不仅提升了受众的信息获取效率，也极大地丰富了其知识体系，扩大了其认知视野。

在新媒体时代下，信息的生产和传播呈现出去中心化、民主化的特点。这一方面为受众获取信息提供了更多可能，另一方面也对其信息素养提出了更高的要求。在信息泛滥的时代，受众需要具备较强的信息甄别、理解和应用能力，以免陷入"信息茧房"和"信息焦虑"的困境。同时，面对纷繁复杂的信息环境，受众还需要保持理性、独立的思考，避免盲从、从众，要形成自己的价值判断。

新媒体时代赋予了受众更多获取信息的自由和可能。从移动互联网到社交媒体，从算法推荐到内容平台，受众获取信息的方式日益多元、个性、高效。作为新媒体传播的重要主体，受众应当主动拥抱这一变革，利用新媒体平台拓宽视野、丰富知识，提升自身的信息素养和思辨能力。只有适应并掌握新媒体环境下的信息获取规律，受众才能成为信息社会的主人，真正实现自我成长和价值实现。

（二）消费习惯

在新媒体时代下，受众的消费习惯发生了深刻变革。随着移动互联网的普及和智能终端的广泛应用，人们获取信息、购买商品、享受服务的方式日益多元化。这一趋势不仅对企业的营销策略提出了新的挑战，也为新媒体传播创造了广阔的空间。

从信息获取的角度来看，新媒体受众已经摆脱了传统媒体的时空限制，可以随时随地通过手机、平板等移动设备浏览新闻、观看视频、收听播客。这种碎片化、移动化的信息消费方式，要求新媒体平台能够提供个性化、精准化的内容推送服务，以满足受众多样化的需求。同时，短视频、直播等新兴内容形态的兴起，也反映出受众对于沉浸式、互动性强的信息体验的偏好。新媒体传播需要紧跟这一趋势，不断创新内容生产和呈现方式，以吸引和留住受众。

从商品购买的角度来看，移动支付、社交电商等新技术和新模式的广泛应用，深刻改变了新媒体受众的消费决策过程。一方面，移动支付让线上购物变得更加便捷，降低了消费门槛；另一方面，社交电商利用社交网络的裂变传播，加速了商品信息的扩散。在这一背景下，如何利用新媒体平台精准触达目标受众、提升转化率，成为企业营销的关键课题。内容营销、口碑营销、社交营销等新媒体营销方式应运而生，旨在通过优质内容和社交互动建立与消费者的情感连接，进而影响其购买决策。

从服务享受的角度来看，新媒体受众对于个性化、智能化的服务体验有着越来越高的期待。随着人工智能、大数据等技术的发展，企业可以利用新媒体平台收集和分析用户数据，进而提供更加精准、高效的服务。例如，智能客服可以通过自然语言交互，快速解答用户疑问；个性化推荐可以基于用户画像，精准匹配其偏好和需求。这种数据驱动的服务模式有助于提升用户的满意度和忠诚度，为企业创造长期价值。

(三)社交行为

新媒体传播是一个复杂的动态过程,受众的社交行为深刻影响并塑造着这一过程。在新媒体环境下,受众通过各种社交平台与他人互动,分享信息、表达观点、交流情感,由此形成了错综复杂的社交网络。这种社交行为的特点对于新媒体的传播效果产生了深远的影响。

首先,受众社交行为的互动性增强了新媒体传播的参与度。在社交媒体上,受众可以随时随地与信息发布者、其他受众进行交流互动。这种便捷的双向交流打破了传统媒体时代信息传播的单向性,极大地提升了受众参与传播活动的积极性。当受众投入与他人的讨论、分享、评论中时,他们对传播内容的关注度和认同感也随之增强。这种参与性互动不仅能够促进信息的二次传播,扩大传播范围,还能够增进受众与媒体之间、受众彼此之间的理解和信任,为新媒体传播创造良好的社会基础。

其次,受众社交行为的社群性使得新媒体传播呈现出"熟人圈"效应。在社交网络中,个体往往与志趣相投、背景相似的人形成稳定的社交关系,进而衍生出不同特征的社交圈子。当新媒体信息在这些圈子中流动时,传播效果会因社交网络的同质性而被放大。人们更倾向于接收和分享来自亲朋好友、意见领袖的信息,这些"熟人"背书增加了信息可信度。因此,在新媒体传播中,重点影响少数"关键人物",往往能收到事半功倍的效果。把握受众社交圈子的特点,借助社交网络的力量,已经成为新媒体传播的重要策略。

最后,受众社交行为的去中心化使得新媒体传播呈现出"草根性"特点。与传统媒体相比,新媒体降低了信息发布门槛,任何人都可能成为具有影响力的信息节点。在这种去中心化的传播结构下,受众通过社交网络连接,形成了多个交叉的传播圈层。信息经由无数"草根"受众参与传播、再创造,其内容持续演变,影响不断发酵。在这一过程中,精英话语权的垄断被打破,草根力量得以彰显。对于新媒体传播而言,尊重和善用这种草根力量,积极回应社交网络中的多元声音,是适应受众社交行为特点的关键所在。

受众社交行为是理解新媒体传播的关键视角。互动性、社群性、去中心化等社交网络特点深刻影响着新媒体信息的传播轨迹和效果。新媒体平台应充分把握受众社交行为规律,优化传播策略,以互动促参与,以社群聚人气,以草根汇众智,进而实现传播效果的最大化。站在受众社交行为的制高点,方能驾驭新媒体传播的变革浪潮,构建良性健康的网络传播生态。

第二节　新媒体环境下受众的心理

新媒体时代，面对纷繁复杂的信息环境，受众需要运用一定的策略和技巧，有效地过滤和筛选信息，以获取有价值的内容，满足自身的信息需求。这一过程不仅关乎受众个体的信息获取效率，更影响着其对信息的理解、判断和利用。

一、受众的情感共鸣与认同心理

（一）情感驱动的信息传播

情感是人类心理活动的重要组成部分，它不仅影响个体的行为决策，更在群体互动中发挥着关键作用。在新媒体环境下，情感因素对信息传播的影响尤为突出。一方面，情感化的信息内容更容易引发受众的共鸣和关注，带来更广泛的传播。另一方面，个体情感状态也会影响其对信息的接收和分享倾向。因此，深入剖析情感驱动下的信息传播机制，对于把握新媒体传播规律、优化传播策略具有重要意义。

从信息内容的角度来看，富含情感色彩的信息往往具有更强的传播优势。相较于中性、理性的内容，情感化的信息更容易激发受众的情绪反应，引发共鸣。心理学研究表明，个体在情绪唤起状态下，会倾向于采取与情绪相一致的行为。当一则信息触发受众的某种情绪体验时，他们更可能采取转发、评论等互动行为，从而扩大信息的影响范围。情感本身所蕴含的能量成为驱动信息传播的重要力量。

具体来说，在新媒体语境中，几类情感内容尤其容易引发广泛传播。首先是温情励志型内容。这类信息多以真实故事为载体，蕴含着爱与希望、坚韧与感恩等正面情感，能给人以情感慰藉和心灵鼓舞，激发受众的同理心和向上心。其次是幽默搞笑型内容。诙谐有趣的信息能为受众带来轻松愉悦的情感体验，在娱乐放松的同时引发分享动机。最后是愤慨震惊型内容。这类信息常以揭露社会问题为主，引发受众的愤怒、同情等强烈情绪反应，激发批判和参与热情，带来舆论场的扩散。

与此同时，发布者和接收者的情感状态也会影响信息传播效果。当个体处于积极的情感状态时，更倾向于接收和分享正面信息；反之，消极情绪则可能催生负面信息的分享。同时，发布者情感状态的表达方式，如使用表情包、感叹词等，也会影响受众情感的感染和唤起程度。因此，在新媒体传播中，积极把握情感因素，调动受众情绪，已经成为各类传播主体的普遍策略。

（二）认同感的形成与维持

在新媒体环境下，受众对内容的认同感往往决定了信息传播的效果和影响力。认同感是指受众对信息内容产生共鸣、归属感和参与感的心理状态。当受众在信息中找到自我的投射，感受到与自身经历、情感、价值观的契合时，就会产生认同感，进而更愿意接收、分享和传播相关信息。

认同感的形成与维持是一个动态的过程，需要新媒体平台和内容生产者在多个方面下功夫。首先，内容需要贴近受众的生活实际，反映他们的真实诉求和情感体验。这就要求新媒体从业者深入了解不同受众群体的特点，用他们的语言表达他们的心声。其次，内容还需要体现人文关怀和社会责任，传递正向价值观，唤起受众的情感共鸣。与单纯的娱乐化内容相比，富有意义、有益身心的内容更容易引发受众的认同。最后，鼓励受众参与内容生产和互动，增强其主人翁意识，也是提升认同感的重要举措。

在具体实践中，一些新媒体平台和内容创作者的做法值得借鉴。一方面，他们注重挖掘普通人的故事，用真实而感人的叙事打动受众。比如某知名短视频平台推出的"汇聚温暖的力量"活动，通过讲述平凡人的善举义行，唤起了广泛的社会共鸣。另一方面，一些内容生产者还积极开展线上线下互动，通过粉丝见面会、公益活动等方式拉近与受众的距离，增进彼此的了解和信任。一些多频道网络（MCN）机构还鼓励旗下的内容创作者参与公共议题讨论，引导粉丝关注社会问题，凝聚共识。这些做法无疑增强了受众对相关内容和创作者的认同感。

认同感作为沟通情感、凝聚共识的纽带，对新媒体传播效果的影响不言而喻。培育和巩固受众的认同感，需要新媒体生态各参与主体的共同努力。这不仅关乎内容传播的效果，更关乎社会价值观念的引领和公共利益的实现。只有不断增强受众对内容的认同感，才能推动构建积极健康、向上向善的网络空间。

（三）情感共鸣的社会效应

情感共鸣是新媒体传播效果的关键影响因素之一，它在个体层面和社会层面都产生了深远影响。从个体角度来看，情感共鸣能够增强受众对信息的认同感和参与度。当人们在新媒体平台上看到与自己情感经历相似、价值观念一致的内容时，往往会产生强烈的共情和代入感。这种情感体验不仅能够促进受众对信息的理解和接纳，还能激发其进一步传播和分享的动机。许多社交媒体上的"爆款"内容，正是凭借其引发广泛情感共鸣的能力，实现了"病毒式"传播。

从社会层面来看，情感共鸣在塑造集体情绪、引导社会舆论方面发挥着重要作用。在新媒体时代，个体情感借助网络平台得以迅速汇聚、放大，进而演化为强大的社会情绪。当大量网民在某一事件或话题上达成情感共识时，往往会形成一股强大的舆论力量，对社会议程设置和公共决策产生影响。这种现象在重大公共事件中体现得尤为明显。

二、受众的从众与群体心理

（一）从众行为的心理动因

从众行为是社会心理学中一个重要的研究领域，它揭示了个体在群体情境中会受到他人行为的强烈影响，从而改变自己原有的态度和行为模式。这种社会影响现象在日常生活中无处不在，无论是在消费决策、立场选择，还是在时尚流行、舆论导向等方面，个体都难以完全摆脱群体压力和从众心理的制约。深入探讨从众行为背后的心理动因，对于理解个体行为、把握群体互动规律具有重要意义。

内在的认同需求是驱动个体产生从众行为的重要心理动因。人作为社会性动物，普遍存在着融入群体、获得认可的内在需求。当个体身处群体之中时，这种归属感和认同感的诉求会更加强烈。通过与他人保持一致，个体能够获得心理上的安全感和满足感，避免因特立独行而遭受孤立、排斥的风险。从这个意义上说，从众行为往往源于个体对于群体认同的渴望以及对于"非我族类"的本能回避。

信息影响也是导致从众行为的一个关键因素。在很多情况下，个体并不具备完整的信息来独立做出判断和决策，因此倾向于参考他人的行为来寻求指引。尤其是当面临不确定性和风险时，个体更愿意相信多数人的选择是正确的，从而产生从众心理。这种基于信息的从众行为，一方面源于个体自身信息和经验的不足，另一方面也反映出人性趋利避害、降低决策成本的现实需求。

除了认同需求和信息影响，规范压力在从众行为的形成中也扮演着重要角色。每个群体都有其内部的行为规范和价值标准，对成员的言行举止形成一种无形的约束力。当个体的态度和行为与群体主流相悖时，往往会受到来自群体的规范压力，从而促使其向着"多数"看齐。这种服从群体规范的从众心理，既是个体对权威的屈从，也是对"异类"标签的回避，折射出人性趋同、惧怕被孤立的社会本能。

认知吝啬也是引发从众行为的一个独特心理机制。面对纷繁复杂的外部世界，人的认知资源是有限的。为了节省认知成本，个体往往倾向于采取从众的简化策略，而不是对每一个决策都进行深思熟虑的分析。通过观察和模仿他人，个体可以在最小投入的情况下快速对环境做出反应，从而提高生存和适应的效率。从这个角度来看，从众行为既是人性惰性的表现，也是个体认知资源的优化配置。

（二）群体极化与意见领袖

随着社交媒体的快速发展，群体极化现象在网络空间中日益凸显。个体倾向于与志同道合者交流，形成同质性较高的小群体，彼此观点得到强化，而对外群体的观点则愈发排斥。这种群体极化效应不仅影响着个体的认知和行为，也对社会和谐稳定构成潜在威胁。

群体极化的形成与意见领袖的作用密不可分。在社交网络中，意见领袖凭借专业知识、社会地位等优势，对所在群体施加重要影响。他们通过设置议题、引导舆论等方式，强化群内成员的既有观点，同时抑制不同声音的传播。意见领袖的存在使得群体内部的同质化程度进一步提高，加剧了群体极化趋势。

意见领袖在推动群体极化的同时，也发挥着维系群体认同的作用。他们善于捕捉群体情绪，适时表达群体共识，满足成员的归属感需求。通过塑造"我们"与"他们"的对立意象，意见领袖强化了组内认同，但也加深了群体间的隔阂和对立。这种非理性的群体认同是群体极化屡禁不止的重要原因。

群体极化对网络传播生态和社会稳定构成严峻挑战。极化的群体更容易接受与己方观点一致的信息，而对反对意见持排斥态度，形成"信息茧房"。这种选择性接触现象削弱了不同群体间的沟通交流，加剧了社会撕裂。群体极化还可能激化现实矛盾，引发网络暴力乃至法律边缘化行为，破坏社会和谐。

化解群体极化，需要完善社交媒体治理机制，健全技术、法规等手段，减少算法推荐、封闭小群组等技术性因素对极化的推动。更为重要的是培育理性包容的网络文化，鼓励多元观点的碰撞交流。主流媒体和意见领袖应主动肩负起引导责任，以客观、温和的方式弥合分歧，唤起不同群体的共情与理解。唯有多管齐下、标本兼治，才能有效化解群体极化，营造风清气正的网络生态。

（三）社交压力与行为一致性

在社交媒体环境中，个体常常面临来自群体的压力，迫使其做出与群体保持一致的行为选择。这种从众心理和行为一致性现象不仅源于个体对群体认同的需求，更反映了社交压力对个体决策的深刻影响。

从社会认同理论的视角来看，个体之所以会产生从众行为，是因为他们渴望获得群体的认可和接纳。在社交媒体中，个体通过展示与群体相一致的观点、态度和行为，能够获得归属感和安全感。当个体的观点与主流群体相左时，他们往往会感到焦虑不安，担心遭到排斥和孤立。为了避免这种负面情绪体验，个体倾向于调整自己的想法和行为，以符合群体预期。这种向群体靠拢的心理使得社交压力成为影响个体决策的重要因素。

社交媒体中的信息呈现方式也放大了从众效应。在社交网络平台上，点赞数、转发量等互动指标往往被视为衡量观点正确性和受欢迎程度的标尺。当某种观点或行为模式受到大量用户的追捧时，它便获得了一种"众声喧哗"的正当性，对个体产生了无形的压力。面对如潮的舆论和一边倒的群体取向，个体很容易产生"人云亦云"的从众心理，盲目地跟随主流观点，而不敢质疑或表达不同意见。久而久之，社交媒体中便形成了趋同化的现象，多元观点难以存在，个性化表达受到压制。

同时，社交媒体中还存在着意见领袖对从众行为的引导作用。一些拥有大量粉丝的网红、大V，凭借其权威性和影响力，能够轻易地引导舆论走向，塑造主流观点。当这些意见领袖发表某种言论或采取某种行动时，其追随者往往会不加思考地效仿，形成盲从心理。在这种"粉丝经济"的驱动下，个体的独立思考能力逐渐弱化，异质性观点被进一步边缘化。意见领袖对从众行为的助推，使得社交压力更加不可抗拒。

三、受众的信任与怀疑心理

（一）信息来源的可信度

在新媒体环境下，信息来源的可信度已经成为影响受众心理和传播效果的关键因素。一方面，新媒体时代信息呈现出海量化、碎片化、多元化的特点，受众面临着前所未有的信息过载和真伪难辨的困境。不同渠道传播的信息质量参差不齐，虚假信息、谣言频发，受众很容易陷入信息茫然和认知失调的状态。另一方面，新媒体平台的开放性和互动性，又为受众主动甄别、评判信息提供了便利条件。通过对比不同来源的信息，参与讨论和交流，受众能够更全面地认识问题，形成理性判断。因此，提升信息来源的可信度，已成为新媒体时代受众心理把控和传播效果优化的重要课题。

信息来源可信度主要取决于权威性、专业性和中立性等因素。权威性是指信息来源在特定领域具有公信力和影响力，代表了该领域的主流观点和专业水准。通常，公众更倾向于相信来自官方机构、专业组织、知名专家等渠道发布的信息。这些主体掌握了更全面、准确的第一手资料，经过严谨的论证和把关，其信息质量相对更有保障。专业性是指信息来源在特定领域具有深厚的知识积累和实践经验。相较于外行，专业人士对问题的认识更加全面和透彻，其观点和判断也更加可靠。因此，学者、业内人士、一线工作者等群体发布的信息通常更容易获得受众青睐。中立性是指信息来源能够秉持客观公正的立场，全面呈现事实真相，不偏不倚。受众往往对商业广告、公关推广等营销性信息存在天然的警惕心理，而更信任来自第三方机构的独立评测和报道。

提升信息来源的可信度，需要新媒体平台和内容生产者共同努力。一方面，平台应加强内容把关和规范管理，完善辟谣机制，及时遏制虚假信息传播。建立内容溯源和信用评估体系，为高质量内容创作者提供展示平台和流量支持。引导受众辨别信息真伪，提高信息素养，营造清朗的网络空间。另一方面，内容生产者应恪守职业操守，严把内容质量关。学界、业界专家应积极发声，传播权威知识，引导社会舆论。公益组织、第三方机构应勇于担当，独立发布客观、中立的信息。媒体工作者要秉承社会责任，深入一线，挖掘真相，以专业水准和职业操守赢得公信力。只有多方协同发力，形成清朗健康的信息生态，才能确保信息来源的可信度，满足受众日益提升的心理预期，实现新媒体传播效果的最优化。

（二）谣言传播与信息怀疑

在新媒体时代，信息传播的速度和广度大大增强，这也为谣言的产生和传播提供了更多可能。面对纷繁复杂的信息环境，受众对信息的真实性产生怀疑，信息怀疑主义日益抬头。一方面，这种怀疑态度有助于受众识别谣言，提高媒介素养；另一方面，过度怀疑也可能导致受众对真实信息产生抵触，陷入信息茧房。

谣言传播与信息怀疑之间存在复杂的互动关系。一方面，频繁的谣言传播会加剧受众的信息怀疑倾向。当人们反复接触到被证伪的信息时，他们会对整个信息环境产生不信任感，认为自己无法分辨真伪，进而采取怀疑一切的态度。长此以往，信息怀疑主义盛行，公众对媒体和社会机构的信任度下降，社会凝聚力受到削弱。另一方面，信息怀疑主义的蔓延又为谣言传播创造了条件。当人们普遍对信息持怀疑态度时，谣言制造者恰恰可以利用这一心理，通过怀疑已有事实、制造另类解释等方式，使谣言更具迷惑性。在怀疑主义的土壤中，一些阴谋论、伪科学言论反而更容易取得受众的信任，加速传播。可见，谣言传播和信息怀疑形成了一种恶性循环,二者相互促进,共同营造了一个真伪难辨的混沌信息生态。

(三) 信任建立与维护策略

在新媒体环境下,信任建立与维护对于实现有效传播、构建和谐的传播生态至关重要。随着传播主体的多元化和传播渠道的碎片化,受众面临着海量信息的冲击和真伪难辨的困境。如何在纷繁复杂的传播环境中赢得受众的信任,成为新媒体运营者亟须解决的现实问题。

首先,内容质量是赢得受众信任的基石。在信息过载的时代,受众对优质内容的需求日益强烈。新媒体运营者要以高质量的内容吸引受众,提供有价值、有深度、有见地的信息。内容不仅要真实可靠,还要具有独特性和针对性,切合受众的实际需求。同时,内容呈现的方式也要新颖多样,运用图文、音视频等多种表现形式,提升传播的吸引力和感染力。唯有不断提升内容质量,才能在激烈的竞争中脱颖而出,建立起良好的口碑和信誉。

其次,互动交流是构建信任的重要纽带。新媒体打破了传统的"一对多"传播模式,实现了"多对多"的交互传播。新媒体运营者要充分利用互动功能,与受众积极互动,倾听他们的声音,回应他们的诉求。通过平等、真诚的交流,拉近与受众的心理距离,增进彼此的了解和信任。同时,互动交流也有助于及时发现和化解误解,消除疑虑,维护良好的传播秩序。

再次,透明公开是赢得信任的必由之路。在新媒体时代,信息传播呈现去中心化特征,谣言和虚假信息泛滥成灾。对此,新媒体运营者要以开放透明的姿态,主动公开信息源、传播过程等关键环节,接受公众监督。对于可能引发争议或质疑的内容,要及时澄清事实,消除疑虑。通过提高运作的透明度,展现负责任的媒体形象,新媒体运营者才能赢得受众的认可和信赖。同时,透明公开也有利于树立行业标杆,推动新媒体行业的健康发展。

最后,社会责任是维系信任的关键所在。新媒体作为舆论场的重要平台,在社会生活中扮演着举足轻重的角色。新媒体运营者必须恪守社会责任,把社会效益放在首位,坚守伦理道德底线,传播真善美的价值理念。要管控信息质量,遏制虚假、低俗、有害信息的传播;要引领社会风尚,弘扬正能量,传递温暖力量;要履行社会责任,关注弱势群体,投身公益慈善。唯有积极担负社会责任,服务大众福祉,才能获得社会各界的广泛认可,赢得持久的公众信任。

第三节　新媒体环境下受众的需求

随着新媒体技术的迅猛发展，信息传播方式发生了深刻变革，受众在信息接收、处理和反馈过程中展现出新的需求和特点。

一、新媒体环境下受众需求的多样性

新媒体环境以其信息海量、形式多样、互动性强等特点极大地丰富了受众的信息获取渠道和方式，受众需求也呈现出多样化趋势。

（一）信息获取的即时性与便捷性

在新媒体时代，信息的传播速度达到了前所未有的高度。微博、微信、抖音等新媒体平台通过 24 小时不间断的信息更新服务，为受众提供了随时随地获取所需信息的便利条件。这种即时性和便捷性极大地满足了受众对于最新资讯和热点话题的关注需求。例如，在突发事件发生时，新媒体平台往往能够迅速发布相关信息，使受众能够第一时间了解事件进展和各方反应。此外，新媒体平台还通过智能推送和个性化推荐等功能，根据受众的兴趣和偏好推送相关信息，进一步提高了信息获取的针对性和效率。

（二）信息内容的个性化与定制化

新媒体技术使得信息的个性化与定制化成为可能。通过大数据分析和人工智能技术，新媒体平台能够精准地把握受众的兴趣、偏好和行为习惯，从而提供个性化的信息推荐和服务。这种个性化与定制化的信息服务不仅提高了受众的信息获取体验，还增强了受众对新媒体平台的依赖性和忠诚度。例如，许多新闻资讯类应用通过算法推荐技术，根据用户的阅读历史和兴趣标签推送相关新闻，使得用户能够更加方便地获取到自己感兴趣的内容。此外，一些电商平台也通过个性化推荐技术，根据用户的购物历史和浏览记录推送相关商品，提高了用户的购物体验和满意度。

（三）互动参与社交需求

新媒体平台的互动性为受众提供了主动参与传播过程的机会和平台。受众不仅可以通过评论、点赞、转发等方式表达自己对信息的看法和态度，还可以通过

社交媒体平台与他人进行互动和交流。这种互动参与和社交需求成为新媒体环境下受众的重要心理诉求之一。例如，在微博等新媒体平台上，受众可以关注自己感兴趣的话题和人物，通过评论和转发参与相关讨论；同时，受众还可以通过私信、群聊等方式与他人建立联系和交流。这种互动参与和社交需求不仅增强了受众的归属感和认同感，还促进了信息的传播和扩散。

二、新媒体环境下受众需求的变化

新媒体环境不仅丰富了受众的信息获取渠道和方式，还深刻改变了受众的需求结构和特点。这种变化主要体现在以下几方面。

（一）从被动接收到主动选择

在传统媒体时代，受众往往处于被动接收信息的地位。媒体机构通过报纸、广播、电视等传统媒体渠道发布信息，受众只能在这些有限的信息源中选择自己感兴趣的内容。然而，在新媒体环境下，受众可以根据自己的兴趣和需求主动选择信息源和内容。新媒体平台提供了丰富的信息资源和多样化的信息形式，受众可以通过搜索引擎、社交媒体、新闻资讯应用等多种渠道获取所需信息。同时，受众还可以通过订阅、关注等方式建立自己的信息获取网络，确保自己能够及时获取到感兴趣的内容。这种从被动接收到主动选择的变化不仅提高了受众的信息获取效率和满意度，还增强了受众的自主性和主动性。

（二）从单一需求到多元需求

在新媒体环境下，受众的需求不再局限于单一的新闻资讯或娱乐内容。随着新媒体平台的不断发展和完善，受众的需求逐渐呈现出多元化的趋势。这种多元化需求不仅体现在信息内容的多样性上，还体现在信息获取方式、信息处理方式以及信息反馈方式等多个层面。例如，在信息内容的多样性方面，受众不仅关注新闻资讯和娱乐内容，还关注教育、购物、社交、健康等多个领域的信息；在信息获取方式方面，受众不仅通过搜索引擎和新闻资讯应用获取信息，还通过社交媒体、短视频平台等多种渠道获取信息；在信息处理方式方面，受众不仅通过阅读和观看获取信息，还通过听书、听新闻等多种方式获取信息；在信息反馈方式方面，受众不仅通过评论和点赞表达自己对信息的看法和态度，还通过分享和转发等方式促进信息的传播和扩散。这种多元化需求促使新媒体平台不断拓展服务范围和功能，以满足受众的多样化需求。

（三）从信息消费到价值共创

在新媒体环境下，受众不仅是信息的消费者，还可以成为信息的生产者和传播者。通过参与内容创作、评论、分享等互动行为，受众与媒体共同创造价值。这种从信息消费到价值共创的变化不仅提高了受众的参与度和积极性，还促进了信息的创新和传播。例如，在社交媒体平台上，受众可以通过发布原创内容、参与话题讨论等方式成为信息的生产者；同时，受众还可以通过评论、点赞、转发等方式参与信息的传播和扩散。这种价值共创模式不仅丰富了新媒体平台的内容生态和用户体验，还促进了信息的多样化和个性化发展。

第四节　新媒体环境下受众的双向管理

随着新媒体技术的迅猛发展，信息传播方式发生了根本性变革，从单向传播转向双向互动。新媒体环境下的受众不再是被动的信息接收者，而是成为积极参与信息传播和反馈的主体。因此，对受众的双向管理成为新媒体时代的重要课题。本节将从用户参与、社区管理、信息筛选和广告监管四方面探讨新媒体环境下受众的双向管理策略。

一、用户参与：从被动到主动的转变

新媒体平台通过鼓励用户主动参与，如留言、评论、投票等方式，实现了与受众的深层次互动。这种互动不仅增强了用户的参与感，还显著提高了内容的互动性和针对性。以微博、微信等新媒体平台为例，用户的评论和转发行为形成了广泛的互动网络，使得信息传播更加迅速和广泛。

（一）用户参与的多维度体现

用户参与不仅体现在对内容的消费上，更体现在对内容的生产和传播上。UGC已成为新媒体时代的重要特征。用户通过文字、图片、视频等多种形式创作内容，并在社交媒体平台上分享和传播。这些UGC内容不仅丰富了新媒体平台的内容生态，还为用户提供了展示自我、表达观点的舞台。

新媒体平台应积极响应这一趋势，为用户提供便捷的创作工具和展示平台。例如，抖音、快手等短视频平台通过简单易用的视频编辑工具和丰富的滤镜特效，激发了用户的创作热情。同时，这些平台还通过算法推荐等技术手段，将用户生成的内容精准推送给感兴趣的受众,实现了内容与受众的精准匹配。

(二)用户参与对新媒体平台的影响

用户参与对新媒体平台的影响是深远的。首先,用户参与提高了新媒体平台的活跃度和用户黏性。通过用户的评论、点赞、分享等行为,新媒体平台能够更准确地了解用户需求,优化内容策略,提高用户满意度。其次,用户参与促进了新媒体平台的多元化发展。用户生成的内容涵盖了新闻、娱乐、教育、生活等多个领域,为新媒体平台提供了丰富的内容资源。最后,用户参与还增强了新媒体平台的品牌影响力和社会影响力。用户的积极参与和广泛传播使得新媒体平台的内容更具传播力和影响力,有助于提升新媒体平台的品牌形象和社会价值。

二、社区管理:维护健康的信息环境

新媒体平台作为信息传播的重要载体,承担着维护健康信息环境的责任。建立健全的社区管理制度,对违法、违规、低俗等不良信息进行监控和处理,是新媒体平台应尽的义务。

(一)技术手段与人工审核相结合

新媒体平台应利用技术手段和人工审核相结合的方式,对信息进行全面监控。通过关键词过滤、图像识别等技术手段,及时发现并处理不良信息。同时,建立专门的人工审核团队,对敏感信息进行二次审核,确保信息的准确性和合法性。

例如,微信公众号平台通过关键词过滤和人工审核相结合的方式,对违规内容进行严格把关。一旦发现违规内容,立即进行删除或封禁处理,维护了健康的信息环境。

(二)鼓励用户举报违规行为

除了技术手段和人工审核,新媒体平台还应鼓励用户举报违规行为。通过设立举报渠道和奖励机制,激发用户的监督热情,形成共同维护社区秩序的良好氛围。

例如,知乎平台设立了严格的举报机制,鼓励用户对违规内容进行举报。一旦举报内容被核实,知乎将给予举报者一定的奖励和荣誉认证,以此激励更多用户参与监督和维护社区秩序。

（三）引导用户行为，培养自律意识

社区管理不仅是对违规行为的处理，更是对用户行为的引导和自律意识的培养。新媒体平台应通过制订社区规范、开展用户教育等方式，引导用户文明上网、理性表达。

例如，微博平台制订了详细的社区规范，对用户的言谈举止进行了明确规定。同时，微博还通过举办线上线下的用户教育活动，提高用户的媒介素养和自律意识。这些措施有助于培养用户的文明上网习惯，维护新媒体平台的和谐稳定。

三、信息筛选：避免信息茧房和信息封闭

新媒体平台在信息传播过程中扮演着重要角色。然而，随着信息量的爆炸式增长，用户面临着信息过载和选择困难的问题。新媒体平台应利用技术手段对用户生成的内容进行筛选和过滤，避免敏感信息的传播，同时注重信息的多样性和全面性，避免信息茧房和信息封闭。

（一）技术手段在信息筛选中的应用

新媒体平台可以利用关键词过滤、图像识别、自然语言处理等技术手段对用户生成的内容进行筛选和过滤。通过设定敏感词库和违规图像库，及时发现并处理不良信息。同时，利用自然语言处理技术对文本内容进行深度分析，识别并过滤掉虚假信息、谣言等不实内容。

例如，今日头条平台通过先进的算法技术对用户生成的内容进行智能筛选和推荐。算法能够根据用户的兴趣和行为习惯，精准推送符合用户需求的内容。同时，算法还能够对敏感信息和不实内容进行自动识别和过滤，确保用户接收到的信息真实可靠。

（二）平衡个人偏好与信息多样性

在算法设计和推荐系统中，新媒体平台应注重平衡个人偏好与信息多样性。一方面，算法应根据用户的兴趣和行为习惯推送个性化内容；另一方面，算法还应考虑信息的多样性和全面性，避免用户陷入信息茧房和信息封闭。

例如，抖音平台通过算法推荐系统为用户推送个性化短视频内容。然而，抖音也注重信息的多样性和全面性，在推荐算法中引入了"探索"功能，鼓励用户浏览和尝试不同领域、不同风格的内容。这种平衡个人偏好与信息多样性的做法有助于拓宽用户的视野和认知边界。

(三)人工干预与算法优化相结合

虽然算法技术在信息筛选中发挥着重要作用,但人工干预仍然是不可或缺的。新媒体平台应建立专门的人工审核团队对算法推荐的内容进行二次审核和优化。通过人工干预及时发现并处理算法无法识别的敏感信息和不实内容,确保信息的准确性和合法性。

例如,哔哩哔哩平台(也称"B站")在算法推荐的基础上引入了人工审核机制。审核团队对算法推荐的视频内容进行二次审核和优化,确保视频内容的合法性和合规性。同时,审核团队还根据用户反馈和社区规范对视频内容进行动态调整和优化,提高推荐算法的准确性和有效性。

四、广告监管:保护用户权益与提升广告品质

新媒体平台作为广告投放的重要渠道,承担着保护用户权益和提升广告品质的责任。新媒体平台应遵守相关广告监管规定,不发布违法广告和欺诈性信息。同时加强对广告内容的审核和监管力度,确保广告的真实性、合法性和合规性。

(一)遵守国家相关法律法规和广告监管规定

新媒体平台应严格遵守国家相关法律法规和广告监管规定,不发布违法广告和欺诈性信息。平台应建立健全的广告审核机制,对广告内容进行严格把关。一旦发现违法广告或欺诈性信息,立即进行删除或封禁处理,并追究相关责任人的法律责任。

例如,微信平台对广告内容进行了严格监管。微信要求广告主提交相关资质证明和广告内容审核材料,确保广告内容的真实性和合法性。同时,微信还设立了专门的广告审核团队对广告内容进行二次审核和优化,确保广告内容符合法律法规和平台规范。

(二)提高用户的广告识别能力

新媒体平台应提高用户的广告识别能力,避免用户受到误导。平台可以通过设置广告标识、提供广告查证途径等方式帮助用户识别广告内容并了解广告的真实性和合法性。同时平台还应加强对广告主的培训和教育,提高广告主的法律意识和诚信意识。

例如,知乎平台在广告内容中设置了明显的广告标识,并提供了广告查证途径。用户可以通过点击广告标识查看广告主的资质证明和广告内容审核材料,了

解广告的真实性和合法性。这种做法有助于提高用户的广告识别能力，避免用户受到误导。

（三）保护用户隐私和权益

新媒体平台在收集、使用用户数据时应遵守相关法律法规和隐私政策，确保用户数据的安全和保密。平台应建立健全的数据保护机制，加强对用户数据的保护和管理。同时平台还应加强对广告主的监管力度，打击虚假广告、恶意点击等违法违规行为，维护广告市场秩序。

例如，抖音平台在收集、使用用户数据时严格遵守相关法律法规和隐私政策。抖音通过加密技术、访问控制等手段确保用户数据的安全和保密。同时抖音还建立了完善的数据保护机制，对广告主的广告行为进行实时监控和动态调整，打击虚假广告、恶意点击等违法违规行为，维护了广告市场的秩序和用户的权益。

第七章　新媒体传播策略

本章全面探讨了新媒体环境下的传播机制与策略应用。首先，分析了新媒体的传播模式，揭示了其不同于传统媒体的信息流动方式和受众互动特点；其次，详细阐述了新媒体传播的多样化渠道及信息传播的具体过程，帮助读者理解信息如何在新媒体平台上高效流通；再次，讨论了新媒体传播的重构与整合，包括新媒体传播的重构特征、面临的挑战与应对策略以及整合趋势，以适应不断变化的媒体生态环境；最后，聚焦大数据、AI技术在新媒体传播策略中的应用，展示了技术如何赋能精准传播、内容优化及效果评估。

第一节　新媒体的传播模式

一、社交媒体传播模式

（一）社交平台特性

社交媒体作为互联网时代的新兴传播渠道，正深刻地影响和重塑着人们的信息获取方式、社交互动模式和思维行为习惯。与传统大众传播媒体相比，社交媒体呈现出去中心化、互动性强、实时性高等独特的传播特性。这些特性不仅推动了信息传播的"爆炸式"增长，也对个体、组织乃至整个社会的运作方式产生了重要影响。

从传播者的角度来看，社交媒体极大降低了信息发布的门槛，使得人人都可以成为内容的生产者和传播者。在社交媒体平台上，用户可以随时随地分享自己的想法、经历和见解，表达对各类事件和话题的看法，参与公共议题的讨论。这种"人人都是麦克风"的传播生态，打破了传统媒体的垄断地位，实现了言论表达的民主化。同时，社交媒体还为个人和组织提供了塑造形象、树立品牌的舞台。通过精心设计和运营社交媒体账号，传播者可以与目标受众建立紧密联系，传递价值主张，提升美誉度和影响力。

例如，在微博平台上，品牌常通过精准的粉丝画像，分析用户的兴趣和行为，从而制订有针对性的内容传播计划。一个成功的微博营销案例是某知名品牌通过社交热点话题和有趣的互动活动，迅速提高了品牌的曝光度，吸引了大量年轻用户参与和讨论，形成了裂变式传播。

从受众的角度来看，社交媒体极大地丰富了信息获取的来源和方式。与传统媒体相比，社交媒体呈现出"千人千面"的个性化特征。用户可以根据自身兴趣选择关注特定的信息源，按需获取感兴趣的内容，满足个性化的信息需求。同时，社交媒体还为用户提供了便捷的互动渠道。通过点赞、评论、转发等行为，用户可以直接与信息发布者和其他受众产生交流，表达自己的观点和情感，参与话题讨论和舆论引导。

从信息传播的过程来看，社交媒体呈现出网络化、裂变式的扩散特点。在社交媒体上，信息的传播不再是线性的"点对面"模式，而是呈现出立体的"点对点"网状结构。一条信息经由用户的转发和分享，可以迅速突破时空限制，在庞大的用户网络中迅速扩散，引发"裂变式"的传播效应。这种传播方式不仅大大提高了信息的覆盖面和影响力，也加速了新观点、新思想的交流和碰撞。然而，网络化传播也带来了一些问题和挑战，如信息过载、同质化严重、虚假信息泛滥等，需要平台和用户共同应对。

从社会影响的角度来看，社交媒体正在重塑人们的社交网络和互动方式。在社交媒体上，个人可以跨越时空限制，与志趣相投的人建立联系，形成基于共同兴趣的虚拟社群。这种"弱关系"为人们提供了更广泛的人脉资源和信息渠道，有利于突破现实社交圈层的束缚，拓宽人们的视野。同时，社交媒体也为巩固和深化现实中的"强关系"提供了新的平台。亲朋好友可以通过社交媒体保持日常互动和情感联络，分享生活点滴，增进了解和信任。

（二）信息传播路径

社交媒体已经成为信息传播的重要渠道之一。与传统大众传播相比，社交媒体信息传播呈现出多向互动、实时更新、用户主导等鲜明特点。在社交媒体环境下，信息的生产、分享和传播方式都发生了深刻变革，形成了独特的传播路径和规律。

在微信平台上，企业通过精准的社交圈传播（如通过微信群发消息、朋友圈广告等），实现了信息精准对接与用户需求的快速响应。通过分析用户在群内的互动行为，品牌能够及时调整内容策略，满足用户需求。

从信息生产的角度来看，社交媒体打破了传统媒体机构垄断内容生产的局面，赋予了普通用户参与内容创作的权力。用户利用文字、图片、音视频等多样化的表现形式，记录生活见闻、分享个人观点、评论时事热点，成为信息的主要来源之一。UGC 的兴起，使得社交媒体上的信息呈现出鲜明的个性化、多元化特征。与此同时，算法推荐等技术的应用，让信息的分发更加精准化、个性化，用户能够根据自身的兴趣爱好获取高度匹配的内容。

从信息传播的视角来看，社交媒体重塑了信息的流动方式。与"点对面"的传统大众传播不同，社交媒体实现了"点对点"的网状传播。用户之间通过转发、@、私信等功能，形成了错综复杂的信息传播网络。一条信息可以在瞬间触达成千上万的用户，引发广泛的关注和讨论。同时，社交媒体还打破了地理位置的限制，使得信息的传播更加便捷、广泛。一个普通用户发布的内容有可能传遍全球各个角落，产生巨大的社会影响。

（三）用户互动机制

社交媒体平台为用户之间的互动提供了便捷的渠道，重塑了人际交往方式。用户通过评论、点赞、转发等方式参与信息传播和意见表达，形成了新型的社交互动机制。这种互动机制呈现出去中心化、扁平化的特点，每个用户都可以平等地发出自己的声音，影响他人，成为信息流动的节点。

例如，小红书的用户通过笔记分享生活方式与购买经验，内容精准触达对相关产品感兴趣的群体，品牌可以通过大数据分析用户的消费行为，实现个性化的内容推送。例如，某化妆品牌在小红书上的成功营销，通过与 KOL 合作，精准锁定年轻女性群体，成功塑造了品牌形象并推动了产品销量。

随着社交媒体的发展，用户互动机制日益成熟。内容创作和消费的边界趋于模糊，用户身份不断切换，形成了交互式的信息生产和传播模式。用户通过积极互动，参与话题构建，影响议程设置，展现出新型公共空间的勃勃生机。可以预见，社交媒体互动将进一步走向多元化、多层次，成为把握民意、洞察社会的重要窗口。

首先，评论功能是社交媒体互动的重要表现形式。用户可以对感兴趣的内容发表看法，与内容创作者直接对话，参与讨论和辩论。评论区俨然成为一个小型的公共领域，人们在此分享观点、交流思想，碰撞出思想的火花。通过评论，用户不仅表达了自我，也在与他人的交流中获得认同感，拓展了视野。

其次，点赞机制为社交互动提供了情感表达的渠道。用户通过点赞表示对内容的欣赏和支持,传递正向的情绪反馈。点赞数成为衡量内容受欢迎程度的重要指标,影响信息的传播和分发。对于内容创作者而言,点赞是一种激励,提升了创作的动力。而对于内容接收者,集中展现的点赞数又成为过滤信息、发现热点的快捷方式。

最后,转发和分享功能使信息的裂变式传播成为可能。用户可以便捷地将有价值的内容推荐在自己的社交网络上,让信息在更大范围内流动。在转发的过程中,用户时常会添加自己的评论,进一步丰富了信息的内涵。那些引发广泛转发和讨论的内容,往往反映了用户群体的共同关切,折射出社会热点和舆论走向。

网络互动的匿名性和弱关系性质,在一定程度上解除了人际交往的负担,让个体更自由地表达真实想法。人们可以跨越时空限制,与志趣相投的用户产生联结。这种联结弥合了现实生活中的鸿沟,拓展了个体的社交边界。在互动中,个体获得归属感和存在感,网络社交逐渐与线下社交融为一体,成为不可或缺的人际交往方式。

随着社交媒体的发展,用户互动机制日益成熟。内容创作和消费的边界趋于模糊,用户身份不断切换,形成了交互式的信息生产和传播模式。用户通过积极互动,参与话题构建,影响议程设置,使社交媒体展现出新型公共空间的勃勃生机。可以预见,社交媒体互动将进一步走向多元化、多层次,成为把握民意、洞察社会的重要窗口。

二、移动媒体传播模式

(一)移动设备特性

移动设备的便携性、个性化和交互性等特性,深刻影响着信息的生产、传播和消费方式,催生出独特的移动媒体传播模式。相较于传统媒体,移动媒体传播具有即时性、碎片化、社交化等鲜明特点,重塑了信息流通的时空边界,改变了受众的媒介使用习惯。

移动设备的便携性使得信息传播突破了时间和空间的限制。用户可以随时随地通过智能手机、平板电脑等终端,获取最新资讯,分享所见所闻,参与讨论互动。这种"指尖上的传播"打破了信息获取的物理藩篱,大大提高了传播效率,加速了信息流通的节奏。与此同时,移动设备的个性化特征满足了用户差异化、多元化的信息需求。基于大数据分析和智能算法,移动媒体可以实现精准推送,为用户提供量身定制的内容服务。这种"千人千面"的传播模式不仅提升了信息的针对性和有效性,也极大地增强了用户黏性。

例如，今日头条通过个性化推荐算法，在用户的浏览历史和行为分析的基础上，精准推送符合用户兴趣的内容。这种精准传播不仅提高了内容的匹配度，也有效提高了用户的黏性，尤其在短视频和新闻类推送中，极大地提高了用户体验。

（二）碎片化信息传播

移动互联网时代，信息传播呈现出碎片化的特点。人们利用移动设备上网的时间不断增加，但单次使用时长却相对较短，这导致信息接收和处理也呈现出"短平快"的特征。在这种情况下，如何有效地进行信息传播，成为新媒体传播亟须解决的问题。

在这种碎片化传播环境下，微信平台通过"短小精悍"的推送通知和小程序的创新方式，帮助用户在碎片化时间内获取信息，并提供深度互动和精准服务。例如，微信小程序内的快速服务让用户在短时间内获取所需信息，提升了传播效率。

移动设备屏幕尺寸有限，用户使用场景多样，因此传播内容必须高度精练，才能快速抓住用户的注意力。通过提炼信息的核心要点，采用简洁明了的表达方式，在最短时间内将关键信息传递给用户，是提升移动端信息传播效率的有效策略。例如，新闻类 App 推送的消息通常采用"标题+要点"的形式，让用户能够快速了解事件梗概，决定是否需要进一步了解详情。

在碎片化传播环境下，单纯的文字信息难以满足用户需求。融合图片、视频、音频等多媒体元素，创造生动鲜活的内容表现形式，能够增强信息的吸引力和感染力。短视频平台的兴起正是顺应了这一趋势。通过 15 秒到几分钟的短视频，创作者可以将一个完整的故事或知识点呈现给用户，实现高效、有趣的信息传递。得益于算法推荐，优质的短视频内容可以在短时间内触达大量用户，产生广泛的社会影响。

碎片化时代，用户对信息的偏好更加个性化。借助大数据技术和智能算法，可以实现信息分发的精准化。通过分析用户的兴趣爱好、行为习惯等数据，向其推送契合需求的个性化内容，不仅提高了信息匹配度，也增强了用户黏性。例如，今日头条通过机器学习算法实现"千人千面"的内容分发，让用户在海量信息中高效获取感兴趣的内容。定制化的信息服务将成为未来移动传播的重要发展方向。

如何打造精品内容、提供优质服务是新媒体传播必须面对的课题。内容创作需要从用户需求出发，洞悉其在碎片化场景下的行为特点，创新表现形式，提升

新媒体运营与新媒体传播策略研究

传播效率。同时,新媒体传播者还需加强与用户的沟通互动,及时了解和回应用户反馈,持续优化传播策略。只有紧跟时代步伐,把握传播规律,不断探索创新,才能在激烈的竞争中赢得用户青睐,实现可持续发展。

(三)定位服务应用

移动互联网技术的迅猛发展为定位服务应用提供了广阔的创新空间。随着智能手机的普及,高精度定位芯片的成本不断下降,移动设备已经具备了实时、精准定位用户位置的能力。这为基于位置的服务(Location Based Services, LBS)的发展奠定了坚实基础。LBS利用移动终端设备的地理位置信息,结合数字地图、互联网等技术手段,为用户提供与位置相关的信息和服务。例如,在高德地图中,用户基于当前位置能够实时获得推荐餐饮、商场、娱乐设施等信息,通过位置服务,商家能够精准推送优惠券、打折信息等,提升了精准营销的效果。

在移动媒体传播模式下,定位服务应用呈现出个性化、实时性、交互性等鲜明特点。一方面,LBS能够实时跟踪用户的位置变化,随时提供与位置相关的信息更新。在使用导航软件时,系统会实时计算用户与目的地之间的距离,并根据路况信息动态调整路线,确保用户能够获得最优路径。另一方面,LBS还具有较强的交互性,用户可以通过移动终端与平台进行实时互动。例如,在打车软件中,乘客可以实时查看司机的位置,并与司机进行沟通,提高出行效率。

定位服务在移动媒体传播中的应用极大地便利了人们的工作和生活。在社交领域,基于LBS的社交平台如附近的人等,使用户能够发现周边的好友,拓展社交圈。用户可以便捷地找到附近的商家,并享受专属优惠。而在公共服务领域,LBS也发挥着重要作用。例如,在突发事件中,定位服务可以帮助救援人员快速确定被困人员的位置,提高救援效率。

然而,定位服务应用的发展也带来了一些挑战和隐患。其中,用户隐私安全问题尤为突出。LBS平台掌握着海量用户的位置信息,一旦这些信息被非法获取或滥用,将对用户的隐私安全构成严重威胁。因此,LBS平台需要采取有效措施,加强对用户信息的保护,如数据加密、匿名化处理等。同时,还需建立完善的隐私政策和用户协议,明确数据收集、使用的范围和规则。用户也需提高隐私保护意识,谨慎开启定位权限,避免隐私泄露。

定位服务应用作为移动媒体传播的重要组成部分,极大地拓展了信息服务的广度和深度。LBS利用移动设备的定位能力,为用户提供个性化、实时性、交互性的位置相关服务,在出行、社交、电商、公共服务等领域发挥着重要作用。随着 5G、人工智能等新技术的发展，LBS 有望实现更智能、更精准的服务，为人们的工作和生活带来更多便利。同时，我们也要高度重视 LBS 应用中存在的隐私安全隐患，采取有效措施保护用户隐私，促进定位服务应用的健康、可持续发展。只有在技术创新和隐私保护之间取得平衡，LBS 才能更好地服务于移动媒体传播，为用户创造更大价值。

三、视频媒体传播模式

（一）直播与点播

在视频媒体传播模式中，直播与点播是两种主要的内容呈现方式。直播即实时视频传输，用户可以在事件发生的同时观看视频内容，体验身临其境的感觉。这种即时互动性使得直播在重大事件报道、在线教育、电竞赛事等领域大放异彩。相比之下，点播则是一种非实时的视频传输方式，视频内容被存储在服务器上，用户可以随时按需观看。点播打破了时空限制，为用户提供了更大的自主性和灵活性。

从传播效果来看，直播与点播各有优势。直播的实时性能够最大限度地吸引用户注意力，激发其参与热情。在直播过程中，主播与观众之间可以实时互动，增强用户对内容的黏性和忠诚度。同时，直播营造的仪式感和稀缺性也能带来独特的情感体验，提升品牌影响力。相较而言，点播的优势在于内容的长尾效应和精细化运营。海量的点播内容库能够满足用户多样化的需求，精心制作的优质内容能够长期吸引用户，具有持久的生命力。点播还便于开展个性化推荐、精准广告投放等运营策略，提高内容变现效率。

例如，在抖音平台，直播能够快速吸引用户的注意力，结合平台的精准推荐算法，将内容精准推送给感兴趣的受众群体。而在 B 站，点播内容以长视频为主，结合精准的标签系统和用户兴趣分析，能够为用户推荐高质量的二次创作和有深度的内容，实现长尾效应。

在视频内容制作方面，直播与点播也呈现出不同特点。直播对内容制作者的要求更高，需要其具备出色的临场应变能力和互动技巧。直播内容往往更加自然、真实，时长较长，对画面质量和技术保障提出了更高要求。而点播内容则更加精良，时长较短，画面质量更高。点播内容制作周期较长，需要投入更多的前期策划和后期剪辑，但其规模化生产、多元化呈现的优势也更加明显。

从受众参与方式来看，直播突出"在场性"和互动性，观众可以通过弹幕、礼物、评论等方式实时参与，影响直播内容走向。这种参与感能够强化用户体验，提升其活跃度和留存率。而点播则强调用户的自主选择和控制，受众可以根据自己的时间、喜好来决定观看内容，参与评论、分享、点赞等互动，但其参与感相对较弱。

随着 5G、VR/AR 等技术的发展，直播与点播呈现出融合发展趋势。越来越多的平台开始打通直播与点播间的壁垒，实现内容形态的无缝切换。直播可以引流至点播，延长内容生命周期；点播也可以引入直播元素，增强互动体验。未来，直播与点播将协同发力、优势互补，为用户提供更加丰富、个性化的视频服务。视频媒体从业者也需深入把握直播与点播的传播特性，持续提升内容品质，优化服务模式，进而在激烈的市场竞争中抢占制高点。

（二）受众参与方式

在视频媒体传播模式下，用户参与的方式呈现出多样化、互动性和碎片化的特点。随着视频技术和移动互联网的快速发展，从传统的电视节目到网络短视频，再到沉浸式的 VR/AR 体验，用户不再是单纯的观看者，而是能够以多种方式参与到视频内容的生产、传播和互动中来。例如，在快手平台，UGC 丰富多样，结合平台的互动特性，创作者可以通过互动性强的直播和短视频内容积累大量粉丝，迅速引发话题，提升传播效果。此外，平台通过对用户行为的分析，精准推送符合其兴趣的内容，使用户在碎片化的时间内也能享受高质量的内容体验。

在视频内容生产环节，UGC 已经成为不可忽视的力量。得益于高清拍摄设备的普及和视频编辑软件的简易化，越来越多的普通用户能够利用碎片化时间创作出技术和艺术水准较高的视频作品。诸如 Vlog、ASMR、教程、开箱测评等 UGC 视频类型层出不穷，丰富了视频内容生态。一些 UGC 创作者凭借优质作品积累了大量粉丝，成为"网红"或者"意见领袖"，对受众产生了较大影响。B 站的"UP 主"生态充分展示了 UGC 的巨大潜力，UP 主通过持续创作原创内容吸引粉丝，在平台的推荐算法帮助下实现精准传播，形成独特的社群文化。精准推荐算法和社群互动是推动内容传播的重要手段。

在视频内容传播环节，用户参与的互动性成为重要特征。不同于传统电视的线性播放，视频网站和社交媒体平台为用户提供了如点赞、评论、分享、弹幕、投票等多种互动方式。用户不仅可以表达自己的观点与看法，影响他人对视频内容的理解和态度，还能与视频创作者直接互动交流，参与话题讨论。一些直播平台甚至支持观众实时参与主播活动，如连麦、打赏、游戏互动等，极大提升了用户参与感和黏性。例如，虎牙直播平台通过打赏、连麦互动等功能，实现了观众与主播之间的互动。这种互动不仅提高了用户参与度，还能进一步增强用户黏性，进而提高平台的活跃度和收益。随着技术的不断进步，视频媒体平台将进一步推动用户参与的创新，提升传播效果与内容的吸引力。

四、互动媒体传播模式

（一）互动技术应用

互动技术在新媒体传播中的应用极大地改变了信息传播的方式，重塑了受众参与的模式。传统的大众传播以线性、单向为主要特征，受众处于被动接收的地位。而互动技术的引入打破了传播者与受众之间的边界，使得信息传播呈现出双向互动、实时反馈的特点。受众不再是单纯的信息接收者，而是能够积极参与到传播过程中来，通过点赞、转发、评论等方式表达自己的观点，影响信息的传播走向。

从技术层面来看，互动技术主要包括超链接、搜索引擎、即时通信、社交媒体等。这些技术为用户提供了便捷的信息获取渠道，使其能够根据自身需求主动选择和筛选信息。同时，互动技术还能够实现用户与信息提供者之间的直接对话，大大缩短了信息反馈的时间，提高了传播效率。例如，在新闻传播中，互动技术使得受众能够通过网络平台直接向记者或编辑提出问题，表达自己的看法，参与新闻议题的讨论。这种实时互动不仅满足了受众的表达诉求，也为新闻报道提供了更加多元化的视角。

互动技术在营销传播中的应用更是不容忽视。通过社交媒体、移动应用等互动渠道，企业可以与目标消费者建立直接联系，了解其需求偏好，调整营销策略。消费者也能够通过互动参与到品牌建设中来，分享使用体验，提出改进建议。这种基于互动的营销模式，有助于增强品牌与消费者之间的黏性，提升营销效果。此外，互动技术还为精准营销提供了数据基础。企业可以通过跟踪用户在互动平台上的行为数据，分析其兴趣特点，实现个性化的信息推送和服务供给。

互动技术是新媒体传播的重要"使能器"。但应用互动技术绝非简单地堆砌各类互动功能，而是要从传播需求出发，围绕内容生产、用户管理、社交互动等关键环节，设计匹配的互动机制。只有互动的目的性和规范性得到强化，互动技术才能真正为新媒体传播赋能，实现信息流动的有序与高效。新媒体从业者要立足互动技术的发展前沿，理解技术工具背后的传播逻辑，推动技术与内容的深度融合，不断提升互动传播水平，用互动的力量构建可持续的传播生态。

（二）用户体验设计

用户体验设计是互动媒体传播模式中的关键一环。随着移动互联网的高速发展和智能终端的广泛普及，互动媒体已经成为人们获取信息、表达观点、参与互动的重要渠道。在这一背景下，如何为用户提供流畅、便捷、愉悦的互动体验，已经成为互动媒体传播效果的决定性因素。用户体验设计的核心在于以用户为中心，从用户的需求、行为、心理出发，优化人机交互的各个环节，最大限度地提升用户的满意度和忠诚度。

首先，互动媒体的用户体验设计需要基于对用户需求的深入洞察。不同用户在使用互动媒体时可能有着不同的目的和诉求，如获取资讯、社交娱乐、工作学习等。用户体验设计要全面了解用户的使用场景和行为偏好，挖掘其核心需求和痛点，进而提供有针对性的功能和服务。这就要求设计师深入用户的真实生活，通过用户访谈、行为观察、数据分析等方式，建立起完整、立体的用户画像，真正做到"换位思考"，为用户量身定制最佳互动体验。

其次，互动媒体的用户体验设计应遵循人性化和直观性原则。优秀的交互设计应该符合用户的认知规律和操作习惯，减少用户的学习成本和记忆负担。界面布局要简洁明了，色彩搭配要和谐美观，导航逻辑要清晰易懂。同时，交互设计还要充分考虑触控、语音、手势等多种人机交互方式，根据不同场景灵活运用，为用户提供最自然、最流畅的操作体验。当用户在使用中遇到困惑或障碍时，系统应该给出及时、友好的反馈和引导，帮助用户顺利完成任务。

（三）实时反馈机制

在互动媒体传播模式中，实时反馈机制发挥着至关重要的作用。它不仅能够增强用户体验，提高用户参与度，还能为传播者提供及时、准确的受众反馈，优化传播策略和内容。实时反馈机制的核心在于借助互动技术，实现传播者与受众之间的即时、双向交流。

具体来说，实时反馈机制主要通过以下方式实现。一是利用在线调查、投票、评论等功能，鼓励用户表达观点、分享感受。传播者可以根据用户反馈，动态调整传播内容和形式。二是运用大数据分析技术，实时跟踪用户行为数据，洞察用户兴趣偏好，进而推送个性化内容。这种"千人千面"的精准传播能够最大限度地满足用户需求，提升传播效果。三是建立完善的用户反馈处理机制，对用户提出的问题、建议及时做出回应。这不仅能够增强用户的信任感和黏性，还能主动发现和解决传播中存在的问题。

腾讯新闻的"快讯"栏目就是实时反馈机制的典型应用。它允许用户对新闻事件发表评论，记者可以实时查看热门评论、摘选有价值的观点，并在后续报道中予以呈现。同时，腾讯新闻还会根据用户的阅读行为和偏好，实时推荐相关新闻，提供个性化新闻服务。这种人机交互和智能推荐，极大提升了用户体验和新闻传播效果。

五、用户生成内容传播模式

（一）用户参与动机

用户参与动机是 UGC 传播模式得以实现的关键因素。只有深入理解用户创作和分享内容的内在驱动力，才能有的放矢地开展 UGC 营销活动，充分调动用户的积极性和创造力。

从心理需求的角度来看，用户参与 UGC 创作主要源于自我表达、社交互动和成就感三方面的动机。首先，UGC 平台为用户提供了一个展示自我、表达观点的舞台。通过创作和发布内容，用户能够向外界传递自己的思想、情感和生活方式，满足表达自我的需求。其次，在 UGC 平台上，用户之间可以通过转发、评论、点赞等方式进行互动交流。这种社交互动不仅能够增进用户之间的联系，还能帮助用户获得归属感和认同感。最后，当用户创作的内容得到他人的认可和赞赏时，他们会获得成就感和自我价值的肯定，这种正向反馈会激励他们投入更多的时间和精力进行创作。

从功利性动机的角度来看，一些用户参与 UGC 创作是为了获得经济利益或实现自我营销。在一些 UGC 平台上，优质内容创作者可以通过广告分成、内容付费等方式获得收益，这种经济激励机制吸引了一批专业的内容创作者。此外，对于一些网红、自媒体人而言，UGC 平台是塑造个人品牌、吸引粉丝的重要渠道。通过持续输出优质内容，他们能够提升自己的知名度和影响力，为自己的事业发展创造有利条件。

同时，用户文化和平台生态也是影响用户参与动机的重要因素。一个开放、包容、鼓励创新的社区氛围，能够激发更多用户表达自己、展示才华。如果社区采取较为严格的准入门槛和内容审核标准，则会在一定程度上压制用户的参与热情。此外，平台提供的创作工具、版权保护、流量分发等服务，也会影响用户的参与意愿。便捷、智能的创作工具能够降低 UGC 的制作门槛，激励更多用户参与创作；完善的版权保护机制能够维护创作者的合法权益，增强其创作信心；公平、高效的流量分发机制则有助于优质内容脱颖而出，提升创作者的获得感。

UGC 的生命力在于海量用户基于自身动机而产生的持续创造力。平台在发掘和满足用户多元化的参与动机方面大有可为。通过创新激励机制、优化社区氛围、完善配套服务，平台能够调动更多用户参与内容创作，形成良性互动的生态系统。这不仅有利于丰富平台内容形态，提升用户黏性，也能为平台注入源源不断的创新活力，实现可持续发展。

（二）社群影响力

社群对新媒体传播的影响力愈发显著。一方面，用户自发组建的各类社群成为信息交流和情感联结的重要平台。这些社群以共同的兴趣爱好、价值观念或生活方式为纽带，成员之间频繁互动，形成紧密的关系网络。社群内部信息流动活跃，用户参与热情高涨，极大地促进了内容的传播与扩散。另一方面，社群用户在与他人的互动中逐渐形成群体认同，其消费决策和行为方式也更易受到群体影响。基于社群关系建立信任，社群领袖的言论往往更具权威性和说服力。

社群影响力的背后是"同侪效应"的作用机制。人们往往更信赖志趣相投的同辈，乐于传播来自社群内部的信息。社群意见领袖作为"意见中心"，可借助自身影响力左右社群舆论导向。这一机制使得优质内容在社群中加速传播，同时非主流观点也更易借助社群力量发出声音。因此，洞察社群心理，把握社群互动规律，对于实现精准、高效的新媒体传播至关重要。

从传播者视角看，社群为企业、组织搭建起直接触达用户的桥梁。通过社群渠道，传播者能够更精准地锁定目标受众，有的放矢地投放内容。营销信息的转化率也将大大提高。与此同时，社群用户的互动反馈可为传播决策提供有益参考，帮助传播者及时优化传播策略。但社群传播也并非万能的，不当利用反而会引发用户反感，损害品牌形象。传播者需要在尊重用户主体性的前提下，寻求与社群的平等对话，而非一味地吸引社群用户的注意力。

第二节 新媒体传播的渠道与过程

一、新媒体传播的渠道

新媒体传播渠道主要包括互联网、社交媒体、短视频平台、直播平台和自媒体等。这些渠道以其独特的传播方式和广泛的覆盖范围，成为信息传播的重要力量。随着数字技术的迅猛发展和互联网的普及，新媒体传播渠道迅速崛起，对传统媒体的垄断地位构成了挑战。新媒体传播渠道不仅改变了信息传播的方式和速度，还深刻影响了社会结构和人们的日常生活。下面我们将深入探讨如何根据传播目标选择合适的渠道以及如何借助技术手段进行精准传播。

（一）精准传播的概念

精准传播是指通过数据分析、受众细分等技术手段，选择最合适的渠道、传播时机以及内容，从而最大化传播效果。精准传播不仅提高了信息的到达率，还能够使信息在正确的时机触达目标受众，实现更高的互动与转化率。

（二）渠道选择与精准传播

不同的新媒体平台适合不同的传播目标和受众群体。社交类新媒体平台（如微信）适合品牌建设和社交互动；短视频平台（如抖音、快手）则通过大数据分析提供精准的用户画像，通过推送个性化内容来增加互动与转化率，特别是在产品推广和娱乐内容传播中展现出显著的优势。

通过分析受众的兴趣偏好、行为特征和地理位置，精准传播能够确保信息投放到最有可能产生互动和购买的受众群体中。例如，短视频平台采用算法推荐，结合用户观看历史和互动行为，推送用户感兴趣的内容，从而提高用户黏性和转化率。

（三）利用技术手段提升传播效果

在新媒体传播中，技术手段的运用至关重要。自动化推送、数据分析、AI推荐算法等技术手段不仅提升了内容精准度，还优化了传播过程。通过数据追踪，平台可以实时评估用户的需求变化，进一步调整内容、优化传播路径，提高信息的到达率与用户参与度。

二、新媒体传播渠道对传统垄断的打破

新媒体传播渠道的兴起和发展，不仅标志着信息传播领域的一次深刻变革，更是对传统媒体垄断地位的一次全面挑战与颠覆。这一变革不仅体现在信息传播的方式、速度和范围上，更深刻地影响了社会结构、文化生态以及商业营销模式。以下将详细探讨新媒体传播渠道如何打破传统媒体在信息传播和广告市场两方面的垄断地位，以及新媒体传播渠道对传统垄断打破的深远影响。

（一）信息传播垄断的打破

长期以来，传统媒体如报纸、广播和电视在信息传播领域占据了主导地位，

形成了信息传播的垄断局面。由于传统媒体主要依靠单向传播的方式，并受到严格的编辑、审查和物理媒介的限制，信息的传播速度、范围以及内容的多样性都存在较大的局限性。这种垄断模式使得信息传播成为一种"灌输式"的过程，无法充分满足现代社会对于多元化和个性化信息的需求。

然而，随着新媒体的兴起，信息传播垄断的局面正在发生根本性变化。新媒体依托互联网，凭借其互动性、个性化推荐以及全球传播的特点，打破了传统媒体的垄断局面，给信息传播带来了更加自由、开放和多元化的发展机遇。

1. 打破了传统媒体单向传播的局限

传统媒体的单向传播方式使得受众只能被动接收信息，缺乏参与感和互动性。而新媒体通过社交平台、论坛等形式，允许用户与内容创作者、其他用户进行即时互动，增强了用户的参与感和表达权。这种互动模式打破了信息传播的垄断，使得每个人都能够成为信息的创造者和传播者。

2. 打破了传统媒体内容的单一性

传统媒体由于编辑流程的限制和审查机制的存在，内容常常较为单一，难以满足受众个性化的需求。而新媒体的崛起使得UGC成为可能，内容的生产和传播不再受传统审查和流程的束缚，呈现出更多的个性化和多样性。这种内容的多元化打破了传统媒体内容的单一性，进一步削弱了其信息传播上的垄断地位。

3. 传播速度和范围的革命性提升

传统媒体在传播速度和范围上受到物理媒介的限制。例如，报纸有固定的发行周期，广播和电视有固定的播放时段，这些限制了信息的传播速度和范围。而新媒体通过互联网可以实现信息的即时传播，跨越时空限制，将信息传递到全球各地，极大地提高了传播效率。这种信息传播的即时性和全球性，进一步打破了传统媒体在传播速度和范围上的垄断。

新媒体传播渠道的这些优势，使得信息传播更加自由、开放和多元化。用户不再被动接收信息，而是可以主动参与信息的生成、传播和反馈。这种参与式的信息传播模式，不仅满足了用户对于个性化、多元化信息的需求，还促进了信息的民主化和透明化，使得社会更加开放和包容。

（二）广告市场垄断的打破

传统媒体广告市场长期以来呈现出高度集中的特点，广告主在广告投放时选择有限，往往只能依赖于少数几家大型媒体机构。然而，新媒体传播渠道的兴起为广告主提供了更多的选择，打破了传统媒体在广告市场方面的垄断地位。

1. 广告形式与投放方式的创新

新媒体传播渠道为广告主提供了更加多样化的广告形式和投放方式。除了传统的图文广告，还有视频广告、音频广告、互动广告等多种形式。同时，新媒体传播渠道还支持精准投放，即根据用户的兴趣、行为、地理位置等信息，将广告精准地推送给目标受众。这种精准投放不仅提高了广告的到达率和转化率，还降低了广告主的投放成本。

2. 数据分析与效果评估的完善

新媒体传播渠道通过数据分析技术，可以实时监测广告的传播效果和用户反馈。广告主可以根据这些数据，及时调整广告策略，优化投放效果。这种数据驱动的广告营销模式使得广告主能够更加精准地把握市场需求和用户行为，实现广告效果的最大化。

3. 市场竞争与价格机制的透明

新媒体传播渠道的兴起，使得广告市场竞争更加激烈。广告主可以根据自己的需求和预算，在众多新媒体平台中选择最合适的投放渠道。同时，新媒体平台之间的价格竞争也促进了广告价格的合理化，降低了广告主的投放成本。这种市场竞争和价格机制的透明化，使得广告主在选择广告投放平台时更加自主和灵活。

新媒体传播渠道在广告市场的这些优势，不仅为广告主提供了更多的选择和更低的成本，还促进了广告行业的创新和发展。广告主可以通过新媒体传播渠道，实现更加精准、高效、个性化的广告投放，从而提升自己的品牌形象和市场竞争力。

（三）新媒体传播渠道对传统垄断打破的深远影响

新媒体传播渠道对传统垄断的打破，不仅体现在信息传播和广告市场两个方面，还对社会结构、文化生态以及商业营销模式产生了深远的影响。

1. 社会结构的扁平化与民主化

新媒体传播渠道的兴起，使得信息传播更加自由、开放和多元化。用户可以主动参与信息的生成、传播和反馈，这种参与式的信息传播模式促进了社会的扁平化与民主化。用户可以通过新媒体平台，表达自己的观点和看法，参与社会议题的讨论和决策。这种民主化的信息传播方式使得社会更加开放和包容，也促进了社会的和谐与进步。

2. 文化生态的多元化与融合

新媒体传播渠道为不同文化背景下的用户提供了交流和互动的平台。用户可以通过新媒体平台，了解和学习其他文化的知识和价值观，促进文化的多元化和融合。同时，新媒体传播渠道还为文化产业的创新和发展提供了广阔的空间。创作者可以通过新媒体平台，展示自己的才华和创意，吸引更多的粉丝和关注者。这种文化生态的多元化与融合使得文化更加丰富多彩，促进了文化的传承与创新。

3. 商业营销模式的创新与变革

新媒体传播渠道的兴起，对商业营销模式产生了深刻的影响。广告主可以通过新媒体平台，实现更加精准、高效、个性化的广告投放。同时，新媒体平台还为电商、直播带货等新兴商业模式提供了广阔的发展空间。商家可以通过新媒体平台展示自己的产品和服务，吸引更多的消费者。这种商业营销模式的创新与变革不仅促进了商业的繁荣和发展，还为消费者提供了更加便捷、高效的购物体验。

三、新媒体传播过程的优化

新媒体传播过程是一个复杂而精细的过程，它涵盖了从信息制作到用户反馈的多个关键环节。每一个环节都紧密相连、相互影响，共同构成了新媒体传播的高效生态系统。以下将对新媒体传播过程的各个环节进行深入探讨。

（一）信息制作

信息制作是新媒体传播过程的第一步，也是至关重要的一步。它涉及内容的创作、编辑和呈现，是吸引用户注意力和传递信息的基础。

1. 内容创作

内容创作是信息制作的核心。在新媒体时代，内容的形式多种多样，包括文字、图片、视频、音频等。创作者需要根据目标受众的喜好和需求，选择合适的内容形式进行创作。例如，对于年轻用户群体，短视频和动态图片可能更具吸引力；而对于专业受众，有深度的文章和数据分析报告可能更受欢迎。

内容创作不仅要求创作者具备扎实的专业知识和良好的写作技巧，还需要具备创新思维和敏锐的市场洞察力。创作者需要关注时事热点，挖掘有价值的信息点，结合个人见解和创意，创作出既有深度又有吸引力的内容。

2. 编辑与审核

编辑与审核是确保内容质量的关键环节。在内容创作完成后，编辑人员需要对内容进行细致的校对和修改，确保语法正确、逻辑清晰、表述准确。同时，编辑人员还需要对内容进行审核，确保内容符合法律法规和道德规范，不包含虚假信息、侵权内容或不良信息。

在审核过程中，编辑人员需要运用专业的知识和经验，对内容进行全面的评估和判断。对于存在问题的内容，编辑人员需要及时与创作者沟通，提出修改意见，确保最终发布的内容符合质量要求。

3. 呈现与包装

呈现与包装是提升内容吸引力的重要手段。在内容编辑完成后，创作者和编辑人员需要对内容进行精心的呈现和包装。这包括选择合适的字体、颜色、排版和配图等，使内容更加美观、易读和吸引人。

（二）信息发布

信息发布是将制作好的信息通过新媒体渠道进行传播的过程。选择合适的渠道和时机进行信息发布，对于确保信息能够覆盖目标用户并引起关注至关重要。

1. 选择渠道

新媒体渠道种类繁多，包括社交媒体、短视频平台、新闻网站、博客论坛等。不同的渠道具有不同的特点和受众群体，创作者需要根据目标受众的喜好和需求，选择合适的渠道进行信息发布。

例如，对于年轻用户群体，社交媒体和短视频平台可能更具吸引力；而对于专业受众，新闻网站和博客论坛可能更受欢迎。创作者还可以根据渠道的特点和优势，制订差异化的发布策略，以最大化信息的传播效果。

2. 确定时机

信息发布的时机也是影响传播效果的重要因素。创作者需要根据目标受众的活跃时间和阅读习惯，确定最佳发布时机。例如，对于上班族用户群体，早晨上班前和晚上下班后可能是最佳发布时机；而对于学生用户群体，周末和假期可能是更合适的发布时间。

此外，创作者还需要关注时事热点和节日庆典等特殊时期，及时发布与这些时期相关的内容，以吸引更多的关注和参与。

3.优化发布策略

除了选择合适的渠道和时机，创作者还可以通过优化发布策略来提升信息的传播效果。例如，可以采用定时发布、分批发布、互动发布等方式，增加信息的曝光度和互动性。同时，创作者还可以与其他新媒体账号进行合作推广，通过互推、互粉等方式扩大信息的影响力。

（三）信息传播

信息传播是新媒体传播的核心环节。通过用户分享、评论、点赞等行为，信息得以快速传播和扩散。信息传播的速度和效果取决于渠道的特点和用户的参与度。

1.用户分享

用户分享是信息传播的重要途径。当用户看到有价值或有趣的内容时，他们可能会通过社交媒体、短信、邮件等方式将内容分享给亲朋好友或同事。这种分享行为不仅有助于扩大信息的传播范围，还能增加信息的可信度和影响力。

为了鼓励用户分享，创作者可以在内容中嵌入分享按钮或链接，方便用户进行分享操作。同时，创作者还可以通过设置分享奖励、开展分享活动等方式，激发用户的分享热情，提升信息的传播效果。

2.评论与互动

评论与互动是信息传播过程中的重要环节。用户通过评论表达对内容的看法和意见，与其他用户进行交流和讨论。这种互动行为不仅有助于增加信息的曝光度和传播力，还能提升用户的参与感和归属感。

创作者需要密切关注用户的评论和反馈，及时回应用户的问题和建议。通过积极的互动和沟通，创作者可以了解用户的需求和期望，不断改进和优化内容创作和传播策略。

3.点赞与推荐

点赞与推荐是信息传播过程中的重要指标。当用户喜欢某个内容时，他们可能会通过点赞或推荐的方式表达支持和认可。这些行为不仅有助于提升内容的曝光度和传播力，还能为创作者带来更多的粉丝和关注者。

为了鼓励用户点赞和推荐，创作者可以在内容中设置点赞按钮或推荐链接，方便用户进行操作。同时，创作者还可以通过设置点赞奖励、开展推荐活动等方式，激发用户的点赞和推荐热情，提升信息的传播效果。

(四)用户接收

用户接收是新媒体传播的最终环节。用户通过各自的新媒体终端接收信息,并根据个人兴趣和需求进行筛选和阅读。用户接收的效果取决于信息的针对性和个性化程度。

1. 终端选择

新媒体终端种类繁多,包括智能手机、平板电脑、电脑等。不同的终端具有不同的特点和用户群体。创作者需要根据目标受众的终端使用习惯和需求,选择合适的新媒体终端进行信息发布和传播。

例如,对于年轻用户群体,智能手机和平板电脑可能更受欢迎;而对于专业受众,电脑可能是更常用的终端。创作者还可以根据终端的特点和优势,制订差异化的发布和传播策略,以最大化信息的传播效果。

2. 信息筛选

在信息爆炸的时代,用户每天会接收到大量的信息。为了有效地筛选和阅读信息,用户通常会根据自己的兴趣和需求进行选择。创作者需要了解目标受众的兴趣和需求,制作符合他们口味的内容,以提高信息的针对性和吸引力。

同时,创作者还可以通过设置个性化推荐系统、开展精准营销等方式,为用户提供更加个性化的信息服务。这些措施不仅有助于提升用户的阅读体验,还能增加信息的传播力和影响力。

3. 阅读体验

阅读体验是影响用户接收效果的重要因素。创作者需要关注用户的阅读体验,确保内容排版清晰、易读性强、加载速度快等。同时,创作者还可以运用多媒体元素和交互设计等手段,提升内容的视觉冲击力和互动性,增加用户的阅读兴趣和参与度。

(五)用户反馈

用户接收信息后,可以通过评论、点赞、分享等方式提供反馈。这些反馈有助于媒体创作者了解用户需求和改进传播策略,进一步提高信息传播的效果。

1. 收集反馈

收集反馈是了解用户需求和改进传播策略的基础。这包括用户对内容的看法、意见和建议等。通过收集反馈,创作者可以了解用户对内容的满意度和期望值,为改进和优化内容创作和传播策略提供依据。

2. 分析反馈

分析反馈是了解用户需求和改进传播策略的关键环节。创作者需要对收集到的反馈进行细致的分析和评估,找出用户关注的焦点问题和潜在需求。通过分析反馈,创作者可以深入了解用户的心理和行为特征,为制订更加精准和有效的传播策略提供依据。

3. 改进策略

根据反馈分析结果,创作者需要制订相应的改进策略。这包括优化内容创作、调整发布渠道和时机、加强用户互动等方面。通过不断改进和优化传播策略,创作者可以提高信息的传播力和影响力,满足用户的需求和期望,实现更好的传播效果。

4. 持续跟踪

反馈和改进是一个持续的过程。创作者需要持续关注用户的反馈和需求变化,及时调整和优化传播策略。通过持续跟踪和反馈循环,创作者可以不断提升内容的质量和传播效果,赢得用户的信任和支持。

第三节 新媒体传播的重构与整合

随着信息技术的飞速发展,特别是互联网、移动通信、人工智能等技术的不断革新,新媒体传播方式正以前所未有的速度改变着信息传播的格局。传统媒体,如报纸、广播、电视等,正经历着深刻的重构与整合,以适应这一变革。本节将深入探讨新媒体传播的重构特征、面临的挑战与应对策略以及整合趋势,重点分析如何进行跨平台整合传播,提高传播效果,并应对当前的新媒体传播挑战。

一、新媒体传播的重构特征

(一)传播渠道的多元化

新媒体传播渠道日益丰富,形成了多元化的传播网络。社交媒体,如微信、微博等,以其强大的社交功能和广泛的用户基础,成为信息传播的重要平台。短视频平台,如快手、抖音,以其直观、生动、易于传播的特点,迅速吸引了大量用户。直播平台,如斗鱼、虎牙等,则通过实时互动的方式,为用户提供了更加沉浸式的观看体验。自媒体平台，如微信公众号、知乎专栏等，为个体创作者提供了展示才华和分享知识的舞台。内容营销，通过优质的内容吸引用户，实现品牌传播和营销目标。搜索引擎，如百度、谷歌等，则是用户获取信息的重要工具。这些渠道各具特色、相互补充，为信息传播提供了多样化的路径，打破了传统媒体的单向传播模式，使得信息能够更快速、更广泛地传播到各个角落。

（二）传播内容的个性化与互动性

新媒体传播强调内容的个性化与互动性，这是其区别于传统媒体的重要特征之一。通过算法推荐和用户反馈机制，新媒体平台能够分析用户的兴趣、偏好和行为习惯，为用户提供更加精准和个性化的信息服务。例如，社交媒体平台会根据用户的关注列表、浏览历史和互动行为，为用户推荐相关的内容；内容营销平台则会根据用户的画像和兴趣标签，推送符合用户需求的广告或文章。

同时，新媒体传播还注重用户参与和互动。用户可以通过评论、点赞、转发等方式表达自己的观点和态度，与其他用户进行交流和互动。这种互动性不仅增强了用户的参与感和归属感，还促进了信息的广泛传播和深入讨论。

（三）技术驱动的智能化

人工智能、大数据等先进技术的应用，使得新媒体传播更加智能化和高效化。AI能够辅助内容创作、优化传播策略、提高传播效率和精准度。例如，在内容创作方面，AI可以通过自然语言处理等技术生成文章、新闻摘要等；在传播策略方面，AI可以通过数据分析预测用户行为、优化广告投放等；在用户体验方面，AI则可以通过智能推荐、语音识别等技术提升用户的交互体验。

此外，大数据在新媒体传播中也发挥着重要作用。通过对海量数据的收集、分析和挖掘，新媒体平台可以更加深入地了解用户需求和行为习惯，为内容创作和传播提供有力支持。同时，大数据还可以帮助新媒体平台监测传播效果、评估用户反馈，为后续的改进和优化提供依据。

二、新媒体传播面临的挑战与应对策略

（一）信息过载与碎片化

新媒体传播渠道多、信息量大，导致用户面临信息过载的问题。每天海量的信息涌入用户的视线，使得用户难以筛选和辨别有价值的信息。同时，信息的碎片化传播也影响了用户对信息的深度理解和吸收。新媒体平台的内容往往以"短小精悍"为主，用户很难在短时间内获得全面、深入的信息。

为了应对信息过载和碎片化的问题，新媒体平台需要加强对信息的筛选和过滤，提高信息的质量和可读性。同时，用户也需要提高自身的信息素养和筛选能力，学会从海量信息中筛选出有价值的内容。

（二）版权保护与内容监管

在新媒体传播环境下，版权保护和内容监管成为亟待解决的问题。由于新媒体平台的开放性和匿名性，洗稿、抄袭等现象时有发生，严重损害了原创作者的权益。此外，新媒体平台上的不良信息和虚假内容也需要得到有效监管，以维护网络环境的秩序。

为了加强版权保护与内容监管，新媒体平台需要建立健全的版权保护机制和内容审核制度。通过技术手段和法律手段相结合的方式，打击侵权行为和不良内容。同时，社会各界也需要加强对新媒体平台的监督和引导，共同营造良好的网络环境。

（三）技术壁垒与数字鸿沟

新媒体传播技术的发展和应用存在一定的壁垒，导致不同地区、不同群体之间的数字鸿沟日益扩大。一些偏远地区或经济欠发达地区的用户可能无法享受到新媒体带来的便利和优势，而一些老年用户或技术小白也可能因为技术门槛而难以适应新媒体的传播方式。

为了缩小数字鸿沟，新媒体平台需要加强对技术的普及和推广，提高用户的数字素养和技能水平。同时，社会各界也需要加强对偏远地区和经济欠发达地区的支持，推动新媒体技术的广泛应用和普及。此外，新媒体平台还可以通过优化界面设计、简化操作流程等方式降低技术门槛，让更多用户能够轻松上手。

三、新媒体传播的整合趋势

（一）跨平台整合

随着新媒体渠道的多元化发展，跨平台整合成为必然趋势。不同平台之间的协同工作不仅能扩大传播范围，还能提高传播效果。新媒体平台需要打破彼此之间的壁垒，打通数据流和信息流，实现信息的互联互通和共享共用。例如，某品牌将微博、抖音、微信公众号等平台结合，通过统一的内容主题进行传播。品牌首先在抖音平台发布短视频，吸引用户关注，然后引导用户分享至微博与微信平台，利用这些平台的互动功能进一步传播品牌信息。通过这种跨平台整合传播，品牌不仅扩大了传播范围，还通过精准的受众定位提升了品牌的知名度和用户黏性。

（二）内容生态的共建共享

新媒体传播需要构建健康、可持续的内容生态。通过共建共享优质内容资源，新媒体平台可以提升内容质量和传播效果。同时，加强内容创作者之间的合作与交流，可以促进内容创新和多样化。例如，新媒体平台可以邀请知名作家、专家、学者等入驻平台，为用户提供专业、权威的内容；同时，也可以鼓励用户参与内容创作和分享，形成更加活跃、多元的内容生态。

内容生态的共建共享有助于提升新媒体平台的竞争力和影响力。通过提供优质、丰富的内容资源，新媒体平台可以吸引更多用户的关注和参与；同时，通过加强内容创作者之间的合作与交流，新媒体平台也可以不断推陈出新，满足用户日益多样化的需求。

（三）技术与人文理念的融合

新媒体传播在追求技术创新的同时，也需要注重人文关怀和社会责任。通过融合技术与人文理念，新媒体可以打造有温度、有深度的传播内容，提升新媒体传播的社会价值。例如，新媒体平台可以关注社会热点问题，通过深度报道和专题策划等方式为用户提供有价值的信息；同时，也可以通过举办线上活动、开展公益项目等方式传递正能量。

技术与人文理念的融合不仅有助于提升新媒体传播的社会价值，还有助于增强用户的归属感和认同感。通过关注社会热点问题和用户需求，新媒体平台可以更加贴近用户的生活；同时，通过传递正能量，新媒体平台也可以赢得用户的信任和支持。

第四节　大数据、AI 技术与新媒体传播策略

一、大数据与 AI 技术在传播策略中的应用

大数据与 AI 技术的结合正在重塑新媒体传播的模式和策略。通过利用大数据与 AI 技术，新媒体平台能够精准地分析用户行为、推荐个性化内容，并进行高效的传播策略优化。AI 在精准营销中的应用，能够帮助新媒体平台更好地理解受众需求，从而提升信息传播效果。

（一）AI 在精准营销中的作用

机器学习和自然语言处理技术的广泛应用使得新媒体平台能够精确分析用户的偏好和行为模式，制订个性化的传播方案。通过机器学习，平台能够识别用户的兴趣点、行为路径和需求变化，从而为用户推送定制化的广告和内容。例如，AI 可以分析用户的浏览历史、搜索行为和社交互动，预测其未来的行为趋势，并及时调整内容和广告投放策略。这不仅提升了内容的相关性和吸引力，还能够最大化广告的转化率。

AI 技术通过自然语言处理进一步优化广告的个性化推荐。在文本分析方面，AI 可以对用户生成的评论、文章和社交媒体内容进行情感分析，了解用户的情感态度，从而更加精准地推荐用户感兴趣的内容。

（二）跨平台数据整合的实际案例

跨平台数据整合对于优化传播策略至关重要，它可以帮助品牌跨越多个平台获取统一的用户画像，并根据用户在各平台上的行为进行精准推送。例如，某电商品牌通过整合用户在电商平台、社交媒体、搜索引擎等多个平台的数据，分析其购买行为、互动历史和搜索兴趣，最终形成个性化的广告投放计划。通过这种方式，品牌能够在多个平台上为相同的用户展示一致的广告内容，提升广告的转化率和效果。

此外，跨平台数据整合也有助于推动营销效果的持续优化。通过对不同平台数据的分析，品牌可以实时了解用户的需求变化和兴趣点，进一步调整营销策略，确保营销活动能够持续吸引和留住目标用户。

二、创新应用场景

大数据和 AI 技术的深度融合为新媒体传播带来了前所未有的创新空间。在海量数据的支撑下，AI 技术正在重塑内容生产、分发、消费的全流程，催生出一系列引人瞩目的应用场景。

（一）智能写作与内容优化

智能写作助手是人工智能赋能内容创作的典型案例。通过自然语言处理、知识图谱等技术，智能写作系统能够自动生成新闻稿件、产品介绍等各类文本内容，大大提升了内容生产效率。同时，借助机器学习算法对历史数据的挖掘分析，智能写作助手还能捕捉用户偏好，优化写作风格和内容走向，创作出更加贴合受众需求的精准内容。

(二)增强现实与虚拟现实在视觉内容中的应用

计算机视觉和增强现实技术的结合,极大地拓宽了新媒体创意表达的边界。通过图像识别和语义分割技术,新媒体平台能够精准地进行内容审核和智能分类,提高平台管理效率。增强现实技术的加入为平面视觉内容增添了生动的交互体验,用户可以通过虚拟与现实结合的方式,沉浸在新闻事件或虚拟场景中,提升参与感和互动体验。

(三)5G与物联网推动智慧媒体的发展

随着5G、物联网等新兴技术的普及,传统的信息流媒体正在向智慧媒体升级。智慧媒体通过感知技术与周边设备实现互联,并利用AI算法实时分析海量数据,从而洞察用户行为,主动提供个性化、情境化的信息服务。例如,智能音箱在智慧家庭中作为核心设备,不仅能通过语音与用户互动,还能通过学习用户的日常行为和偏好,提供个性化的音频内容推送,增强用户的沉浸式体验。

(四)程序化广告与智能客服

程序化广告通过大数据与机器学习模型优化广告投放。品牌可以通过精准的用户画像推送广告,实现个性化营销。而自然语言处理技术的应用在智能客服领域也表现出巨大的潜力,AI能够实时与消费者互动,解答疑问、提供建议并解决问题,大幅提升服务效率和客户满意度,全面提升服务质量,打造闭环的营销生态。

三、技术协同发展

大数据和AI技术的深度融合创新,已成为新媒体传播领域的关键驱动力。数据采集和处理技术的进步使得新媒体平台能够更精准地洞察用户需求,优化内容生产和分发策略。同时,AI算法在内容生成、推荐、互动等环节的应用,大大提升了传播效率和用户体验。推荐系统作为AI技术的集大成者,已成为各大新媒体平台的核心竞争力。面对技术融合创新带来的机遇与挑战,新媒体运营者需要与时俱进,不断探索数据和算法驱动的传播新思路。

技术融合创新的核心在于实现数据和算法的协同优化。一方面,新媒体平台需要构建完善的数据治理体系,打通多源异构数据,实现数据的标准化、结构化和关联化,为AI算法提供高质量的数据支撑。另一方面,AI算法也要根植于业务场景,围绕用户需求和平台目标进行针对性优化,真正实现技术与业务的深度融合。例如,在内容生产环节,可以利用自然语言处理、计算机视觉等技术,自动生成符合用户偏好的高质量内容；在内容分发环节，可以通过机器学习算法动态优化推送策略，提高内容的到达率和转化率；在用户互动环节，可以借助情感计算、对话系统等技术，为用户提供更加智能、个性化的服务体验。

（一）数据整合与算法优化

数据整合是实现技术协同发展的重要基础。新媒体平台应构建完善的数据治理体系，打破数据孤岛，促进多平台数据的整合。这些数据可以通过API（Application Programming Interface，应用程序编程接口）、SDK（Software Development Kit，软件开发工具包）等技术进行共享，形成更加全面、立体的用户画像。例如，通过整合社交媒体、电商平台、搜索引擎等不同渠道的数据，新媒体平台可以洞察用户的全方位行为特征，为精准营销提供支持。

此外，平台也应不断优化AI算法，以应对日益复杂的传播需求。针对"信息茧房"问题，新媒体平台可以通过引入多样化和新颖的因素，优化推荐系统的精准度和多样性。

（二）增强现实与虚拟现实技术的前景

新媒体传播正在迅速拥抱AR和VR技术，这些技术带来了前所未有的沉浸式用户体验。未来，AR和VR有可能在新闻报道、品牌营销以及娱乐内容等领域得到广泛应用。例如，通过VR技术，用户可以身临其境地体验某一新闻事件或品牌故事，提升其情感认同和参与感。此外，AR和VR还为教育、购物和医疗等行业带来更多创新应用。

（三）大数据与AI技术的跨领域应用

随着大数据与AI技术的跨领域应用，多个行业的传播模式也发生了根本性变化。AI不仅帮助新媒体平台精准地分析用户行为，还可以结合大数据分析和预测用户需求，从而提供更加精准的内容推荐、广告投放和服务支持。未来，新媒体平台可以通过集成多种技术，结合自然语言处理、计算机视觉、情感计算等创新技术，打造更加智能化、个性化的传播体验。

参考文献

[1] 魏振锋. 新媒体运营实务：微课版 [M]. 北京：人民邮电出版社，2023.

[2] 何叶，官培财. 剪映：微课版 [M]. 北京：人民邮电出版社，2023.

[3] 同婉婷. 短视频与直播电商实战 [M]. 北京：人民邮电出版社，2022.

[4] 伏龙影像. 手机短视频 [M]. 北京：化学工业出版社，2022.

[5] 伏龙影像. 电商产品视频拍摄、剪辑与运营从入门到精通 [M]. 北京：化学工业出版社，2022.

[6] 刘凯，黄英. 短视频与直播运营：微课版 [M]. 北京：人民邮电出版社，2022.

[7] 倪莉莉，郑伶俐. 新媒体营销与案例分析：慕课版 [M]. 北京：人民邮电出版社，2022.

[8] 邹益民，李丽娜. 新媒体营销与运营：微课版 [M]. 北京：人民邮电出版社，2021.

[9] 曾淑文. 新媒体运营 [M]. 2版. 重庆：重庆大学出版社，2021.

[10] 邓文捷. 新媒体时代下企业品牌运营策略分析探讨 [J]. 商讯，2024（2）：92-95.

[11] 黄晓娟. 网络平台运营与传播的路径探究 [J]. 新闻文化建设，2023（21）：89-91.

[12] 刘佳. 媒体融合中的渠道建设重点问题与解决方案 [J]. 中外企业文化，2023（10）：35-38.

[13] 张宏艳. 新媒体传播技术的发展 [J]. 西部广播电视，2023，44（9）：231-233.

[14] 苑克准，张雪，朱竞娅，等. 数据分析在新媒体传播中的应用 [J]. 新闻论坛，2023，37（1）：33-34.

[15] 杜杨沁. 基于短视频的政务新媒体运营策略研究 [J]. 河北工程大学学报（社会科学版），2022，39（1）：54-58.

[16] 郭小勇. 纸媒编辑在新媒体时代的角色转变 [J]. 新闻文化建设，2024（19）：97-99.

[17] 谭莉珊. 新媒体运营中的数据分析与用户行为 [J]. 记者观察，2024（27）：113-115.